U0073146

從一國歷史
預視世界
的動向

法蘭西，變化莫測。

極簡

法國史

福井憲彥

楓樹林

前言

綜觀法國歷史

各位對法國有什麼印象呢？巴黎、艾菲爾鐵塔，還是足球和橄欖球？或是美食、葡萄酒、時尚和設計？其實，現在的法國在歐洲不僅和德國並駕齊驅，影響力無遠弗屆，在世界各地也有海外省和領地。

法國究竟是經歷過什麼樣的歷史，才造就出如今的風貌呢？本書的目標，就是透過一冊的篇幅，追溯法國大致的發展軌跡。看歷史的觀點大致有兩種，其一是像飛鳥般從高空俯瞰全體，其二是像螞蟻匍匐於地面般鑽研細節。本書聚焦於法國的同時，也會嘗試綜觀全球的風貌。如果各位能夠從這個概略的觀點出發，朝著自己覺得有趣、想要更深入了解的方向繼續探索，那就是我最大的榮幸。

監修　福井憲彥

歷史冷知識！

法國的4大祕密

這些意想不到的史實，就要介紹給初次接觸法國史的你！

Secret 1

凡爾賽宮的建造起因於路易十四的親身經歷？

法國王權的代表人物路易十四，興建凡爾賽宮並移居此地。他之所以選擇將凡爾賽宮建在巴黎郊外，是因為他在孩提時期見證過城內的動亂，才會想遷居城外。

→詳情參照
125頁

Secret 2

革命的最初目的其實並不是推翻王權!?

提到法國大革命，很多人都以為是平民百姓為了推翻王權而紛紛起義，但事實上，在革命的初期，人民的訴求是在國王之下推行政治。

→詳情參照
151頁

Secret 3

拿破崙登基稱帝
當的不是「法國皇帝」？

擁有卓越軍事才能的拿破崙大權在握，最終登基成為皇帝。然而，正確來說他成為的是「法國人的皇帝」，而不是「法國皇帝」。這兩者之間究竟有什麼不同呢？

→詳情參照 178 頁

Secret 4

法蘭西第五共和，
和之前的共和不同嗎？

2020 年的法國又稱為法蘭西第五共和，這是從 1958 年開始實行的政體。當然，在此之前也有第一到第四共和，先前的政體和第五共和究竟哪裡不一樣？

→詳情參照 238 頁

接下來，我們就來探索法國史吧！

目錄

chapter 5 波旁家族的興衰

chapter 6 從革命走向帝國

祕密專欄

序章

全世界最富魅力的國度

聽到「法國」，你的腦海裡會浮現什麼樣的印象呢？

應該很多人都會想起矗立在巴黎市內的巨大艾菲爾鐵塔、雄獅凱旋門、收藏超過三十萬件畫作、雕刻、寶物的羅浮美術館，以及巴黎郊外法國王室曾居住過的凡爾賽宮、位於西海岸的聖米歇爾山等觀光名勝吧。這不只是日本，而是全世界對法國的共同認知。在聯合國世界觀光組織的全球觀光勝地排名當中，法國從二〇一六年到二〇一八年都榮獲海外觀光客人數第一名，可見從世界各國的角度來看，法國就是個魅力十足的國家。

除了觀光名勝以外，像是在全球美食當中特別受歡迎的法國菜、畫家塞尚（Paul Cézanne）和雷諾瓦（Pierre-Auguste Renoir）、電影導演盧貝松（Luc Paul Maurice Besson）和高達（Jean-Luc Godard）等眾多藝術家，還有香奈兒（Chanel）和路易威登（LV）這些高級時尚名牌，我們生活周遭有不少事物都

法國的領土

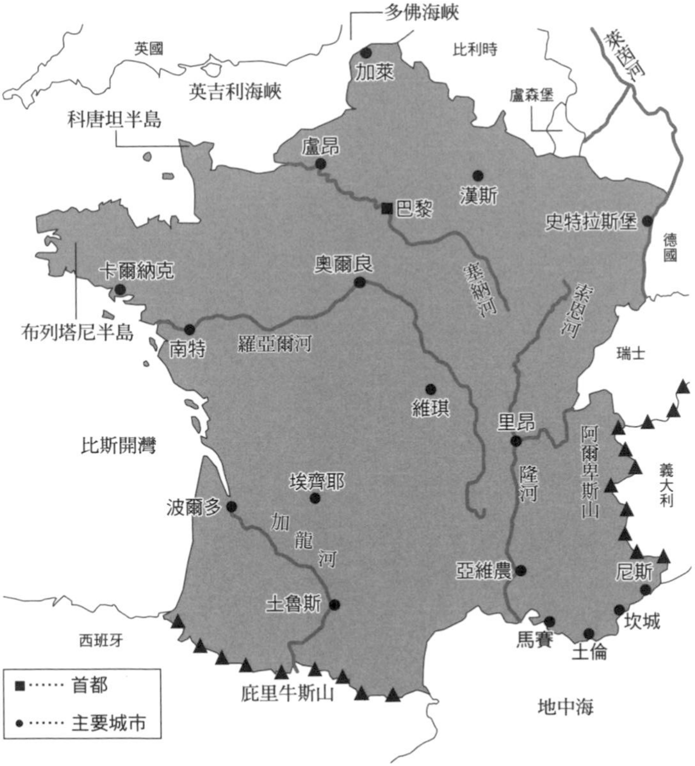

總面積	54萬4000 km^2
總人口	約6700萬人
巴黎人口	約220萬人

※引用自日本外務省官方網站資料（2019年9月）

〈法國的海外省〉

省名	所在地
瓜地洛普	加勒比海
馬丁尼克	加勒比海
法屬圭亞那	南美洲
留尼旺	印度洋
馬約特	葛摩群島

與法國有關。

法國人民對於祖國歷史所孕育出的豐富文化資產，懷有無限的自豪和眷戀，畢竟這些歷史資產都是他們經歷長久的戰亂與革命的動盪之後，好不容易才擁有的珍貴收穫。

現在我們所熟知的法國，其實正式的國名為「法蘭西共和國」，地理位置位於歐洲西部，國土的西北方隔著多佛海峽與英國相望，國境連接德國、義大利與西班牙等歐陸國家。

法國本土的面積，大約是日本的一・五倍，人口卻僅有日本的一半左右。除了歐陸本土以外，在中南美洲和南太平洋上也有法國領土（海外省和海外領土），說法語的人口遍布世界各地。

法國不僅和許多國家接壤，也夾著地中海與非洲大陸相通，所以自古以來就移入各式各樣的民族。到了現代，即便是來自阿拉伯和非洲的移民，法國也認為「凡是說法語者就是法國人」，甚至還有移民家族出身的總統和國會議員，逐漸成為一個廣納多元人種、民族的國家。

法國究竟是怎麼形成、演變成如今的風貌呢？我們就來看看他們這段漫長的發展歷程吧。

chapter 1

高盧時代

克羅馬儂人的創作

根據考古發掘調查，在距離法國成立很久以前，現在的法國土地上就已經有形形色色的人來此生活。在法國西南部靠近西班牙邊界的托塔韋勒（Tautavel），當地於一九七一年的發掘調查中發現人類的顱骨，之後又陸續出土了好幾副人骨。經過後續考古研究，這些原始人類骨骸能夠追溯到五十五萬年前到三十萬年前，為生活在當地的「直立猿人」骨骼。

在直立猿人之後經歷長久的歲月，在距今大約二十萬年前，出現了人類的直系祖先「智人」（*Homo sapiens*）。

西元一八六八年，法國西南部市鎮萊塞濟（Les Eyzies）附近的岩棚遺跡裡，發現五具人骨化石。這些骸骨經推測可能是直立猿人，因此引用遺跡出土的地名命名為「克羅馬儂人」。克羅馬儂人生存的時代屬於舊石器時代晚期，他們會製作五花八門的石器，勤於狩獵採集，同時也已經會進行人類特有的創作活動。其中最著名的就是位於同一地區的「拉斯科洞窟」壁畫。不過目前還無法確切得知這些壁畫是基於什麼目的而畫。

發現克羅馬儂人的岩棚遺跡和拉斯科洞窟，在一九七九年以「韋澤爾谷的史前地點和裝飾洞群」一名，由聯合國教科文組織登錄為世界文化遺產。

之後，歐洲在西元前六千年左右，開始進入製作磨製石器的新石器時代；西元前四千年左右，開始從事農耕和畜牧。

在新石器時代，人類發展出巨石文化，特徵是巨石結構的建築物。其中最知名的是英國的巨石陣，不過法國西北部的布列塔尼地區也有「卡納克巨石林」。這片巨石林建造於西元前四千年到西元前兩

千年左右，全體寬度約一百公尺，十～十三列並排的直立巨石（menhir）石柱綿延長達四公里。其建造的原因眾說紛紜，目前仍無法確定。

西元前兩千年左右的青銅時代，歐洲各地已經開始從事交易。現在廣泛分布於法國等歐洲各地的印歐語系人士，就是從這個時期開始居住於歐洲。直到西元前五世紀左右，印歐語系的凱爾特人已經定居在現在的法國、伊比利半島、不列顛島等廣大的區域。

凱爾特人和高盧人

「凱爾特」這個名稱，是源自古希臘人的稱呼「Κελτοί」（Keltoi）。根據目前研究其中一個說法，這個名稱意指「外來者」，不過確切的含義仍不得而知。古羅馬人將居住在現代法國一帶的凱爾特人稱作「Galli」（高盧人），而Galli人定居的地方就稱作「Gallia」（高盧）。順便一提，法語中的高盧寫作「Gaule」，高盧人則寫作「Gaulois」。

繼青銅時代之後的中歐鐵器時代，又分為前期的「哈爾施塔特文化時代」（西元前八世紀～西元前五世紀左右），和後期的「拉坦諾文化時代」（西元前五世紀～西元前一世紀左右）。在拉坦諾文化時代，定居在高盧的凱爾特人，也就是高盧人會利用天然地形，在山丘上建造要塞都市「奧皮杜姆」（oppidum）。

可是高盧人並沒有建立統一國家，而是分散在各個部落。他們的社會有階層之分，地位最高的是掌管儀式兼任政治領袖的祭司德魯伊，往下依序是貴族（戰士）、平民（農民和工匠）。他們也發展出宗教、曆法、美術、農耕技術等獨特的豐富文化。

當時的日本

西元前的日本正值彌生時代，從亞洲大陸傳來的稻作逐漸普及至全國，同時人們也會互相搶奪稻穫，因此人們開始群居，聚落外圍有圓形或方形的深溝（濠）圍繞，日文稱為「環濠集落」。

羅馬來襲

大約從西元前六世紀開始，在地中海沿岸的高盧一帶，希臘人建造了好幾座殖民城市。最著名的是亞該亞人建造的馬薩利亞，相當於現在的馬賽；另外還有安提波里斯和尼卡伊亞，它們分別是現在的安提伯和尼斯。

西元前二世紀中葉，高盧人部落進攻殖民城市，當時這些城市與勢力強大的共和政體國家羅馬（古羅馬）是同盟關係，他們向羅馬請求救援，於是羅馬和高盧部落隨即爆發戰爭。最後勝利的羅馬軍在高盧南部建立行省（provincia），命名「納博訥」，羅馬就此確立進入高盧的立足點。而provincia一詞，也成為現在法國東南部的地名「普羅旺斯」（Provence）的由來。

與此同時，屬於印歐語系、原本散落在北歐的多個日耳曼民族部落，開始入侵高盧。高盧人和日耳曼人的情勢變得緊繃，其中還有些高盧部落被迫遷往他地。

對高盧虎視眈眈、企圖進占北部的羅馬總督凱撒（Gaius Iulius Caesar），在西元前五八年趁機發動「高盧戰爭」，出兵討伐日耳曼人並控制各個高盧人部落。高盧人各部落團結一致抵抗，卻仍不敵凱撒率領的羅馬軍。凱撒將這場戰爭的全部過程都寫成了著作《高盧戰記》。

於是，羅馬終於獲得了北部廣大的土地「長髮高盧」（Gallia Comata）。

羅馬統治下的高盧

就在凱撒平定高盧不久，時間來到西元前二七年，凱撒的養子屋大維（Gaius Octavius Thurinus）成為第一任羅馬皇帝奧古斯都（Augustus），羅馬也從此時開始由共和政體轉移到帝制。

奧古斯都治下的羅馬將長髮高盧劃分成「阿基坦」（Aquitaine）、「盧格敦」（Lugdunensis）與「比利時」（Belgica）三個行省。

阿基坦相當於現在法國西南部的亞奎丹，盧格敦相當於現在的里昂到西北部布

高盧的四個行省

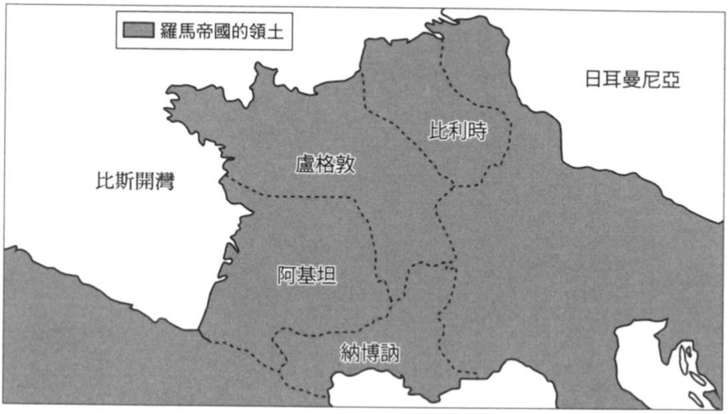

列塔尼一帶。比利時則是從現在的法國東北部涵蓋到荷蘭、比利時、盧森堡和德國西部地區，名稱取自居住在這一帶的貝爾蓋人（Belgae）。貝爾蓋也是現在比利時國名的由來。

再加上從西元前二世紀末起納入羅馬行省的納博訥（Narbonensis），羅馬帝國在高盧地區總共建立了四個行省。

繼其他三個行省之後成為羅馬行省的納博訥，早已充分融入了羅馬的文化。城市的入口矗立著羅馬風格的城門，城內也有圓形競技場、半圓形劇場和公共浴池等設施。最大城市之一尼姆城裡有許多圓形競技場等遺址，而從郊外引水進城的水道橋「加爾橋」也登錄為世界遺產。亞爾城的圓形競技場也作為「亞爾的古羅馬遺跡和羅馬式建築群」列入世界文化遺產。

後來，其他三個行省也和納博訥一樣，慢慢融入了羅馬文化。

羅馬殖民者和高盧人的血統逐漸融合，他們所生下的後代與後來脫離羅馬統治的高盧人，就稱作「高盧－羅馬人」。

帝制時期的羅馬，主動將羅馬市民權（競選官員等各項權利）賦予行省居民。最後在整個高盧地區，有愈來愈多擁有羅

馬市民權的行省居民成為元老院議員，甚至晉升為可代理皇帝統治的官員。這些人就稱作「元老院貴族」，後來也逐漸形成法國貴族階級的起源。

在強大的羅馬帝國統治下、歌頌著「羅馬治世」（Pax Romana）的這段時期，高盧的產業也大幅發展。這裡原本就是十分肥沃的土地，栽種葡萄和橄欖等各項農業活動非常興盛。高盧產的葡萄酒廣受好評，還出口至羅馬帝國各地。工具、農業機具、製陶技術、毛織品等形形色色的工業陸續發展，貿易也相當繁榮。

羅馬統治的結束

但是，羅馬治世並沒有一直持續下去，羅馬帝國終究還是受到外敵侵擾，尤其是從西元二世紀中葉起，日耳曼人開始威脅到羅馬帝國的地位。

三世紀下半葉，羅馬帝國為了牽制當時勢力逐漸壯大的波斯薩珊王朝，必須將軍力分配至東方，結果導致羅馬北方的防禦疏漏，法蘭克人和阿勒曼尼人等各個日耳曼民族入侵，高盧社會陷入一片混亂。

曾任高盧行省總督的波斯圖穆斯（Postumus），趁亂自立為羅馬皇帝，於二六〇年建立了「高盧帝國」。他憑藉這股氣勢一度壓制日耳曼人，可是在二七四年，遠征高盧北部的羅馬皇帝消滅了高盧帝國，使日耳曼人的勢力再度增強。

西元二八三年，位於現在布列塔尼半島阿摩里卡地區的農民發動起義，宣布要脫離羅馬獨立。儘管羅馬帝國花了四年才成功鎮壓這場叛亂，但日後反抗羅馬的勢力依然層出不窮。

西元二八四年，登基為羅馬皇帝的戴克里先（Gaius Aurelius Diocletianus）將四個行省重新劃分成兩個地區，分別是位於高盧南部，由

當時的日本

透過中國史籍記載，可以得知3世紀左右的日本狀況。239年，統治邪馬台國的卑彌呼，派遣使者前往拜訪當時在中國十分強盛的曹魏政權，企圖以曹魏作為後盾，牽制敵對的狗奴國。

日耳曼人的遷徙

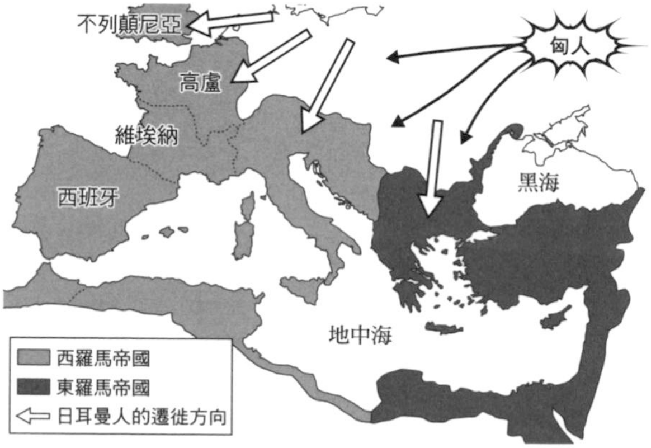

七個省組成的「維埃納管區」，以及位於高盧北部，由十個省組成的「高盧管區」。

西元三二四年登基的君士坦丁大帝（Flavius Valerius Aurelius Constantinus），在原有的維埃納管區和高盧管區之外，又加上相當於現在西班牙、葡萄牙國土的「西班牙管區」，以及相當於現在英國南部的「不列顛尼亞管區」，並將四個管區合稱為「高盧大區」。

即使如此，羅馬帝國的疆域仍過於廣大，皇帝無法做到無微不至的行政管理和統治，在西元三九五年，皇帝狄奧多西一世（Theodosius I）去世後，長男阿卡狄奧斯（Arcadius）和次男霍諾留（Honorius）分別繼位，羅馬帝國從此分裂成東羅馬帝國（拜占庭帝國）和西羅馬帝國。而高盧正屬於西羅馬帝國的統治疆域。

此時，日耳曼人的遷徙愈發活絡，亞洲的遊牧民族匈人入侵黑海北方，日耳曼各個部落遭到驅逐，紛紛流入東西羅馬帝國。為躲避匈人襲擊的汪達爾人、奄蔡人、蘇維匯人、西哥德人、勃艮第人、法蘭克人等各個日耳曼人部落相繼進入高盧，定居於各地。

西元四七五年，西羅馬帝國將奧弗涅地區割讓給建立於高盧西南部的西哥德王國後，失去了在高盧的影響力；翌年四七六年，曾經是日耳曼人傭兵隊長的奧多亞塞（Odoacer），罷黜西羅馬帝國的末代皇帝羅慕路斯・奧古斯都（Romulus Augustus），西羅馬帝國正式滅亡。羅馬帝國在高盧將近五百年的統治，就此畫下了休止符。

法國國民漫畫的主角原型

維欽托利

Vercingétorix

（前72～前46）

率領各個部落反抗羅馬軍

西元前58年，凱撒發動高盧戰爭，身為阿維爾尼人的維欽托利集結了各個高盧部落之力，勇猛反抗羅馬軍的侵略。

但是在西元前52年的阿萊西亞之戰，高盧部落遭到羅馬軍包圍，維欽托利被俘，入獄6年後，年僅26歲便被處死。

維欽托利領導高盧人反抗羅馬軍的故事，後來成為法國的熱門漫畫《阿斯泰利克斯歷險記》（又譯《高盧英雄傳》）的主題，描述主角阿斯泰利克斯（Astérix）喝下德魯伊祭司調製的魔法藥水，獲得無窮的力量，和夥伴奧貝利克斯（Obélix）一起用各種招數嚇退凱撒所率領的羅馬部隊。

這部作品自1959年發表以來，至今仍是大受歡迎的法國國民漫畫，甚至還拍過真人電影。

chapter 2

法蘭克王國

法蘭克王國的崛起

西羅馬帝國在西元四七六年滅亡後，日耳曼人部落在其領土上爭霸，最後統治高盧地區的是三個部落，即西哥德人、勃艮第人和法蘭克人。

西哥德人在西元四一八年定居於高盧西南部後，建立西哥德王國，定都於托洛薩（現在的土魯斯）。他們一度擁有強大的勢力，但是在五〇七年與法蘭克王國戰爭敗北後，便將據點轉移至伊比利半島。

勃艮第人在西元四四三年定居於現在的法國東南部，建立勃艮第王國，而後大約在四五七年將據點遷至里昂，不過在五三四年遭到法蘭克人消滅。現在知名的葡萄酒產地勃艮第，名稱就是來自勃艮第人。

最終擊敗西哥德人和勃艮第人、在西羅馬帝國覆滅後的高盧稱霸的，就是法蘭克人建立的法蘭克王國。法蘭克人在三五八年定居於現在的比利時西北部，之後觸角延伸至法國北部。雖然名為法蘭克人，但並非單一部落，而是多個部落集結而成的群體形式。

「法蘭克」一名，在拉丁語中意指「大膽的人」、「勇者」，而這也是法國現今國名「法蘭西」的各種由來依據當中最多人支持的說法。

墨洛溫王朝開始

法蘭克王國的奠基人是克洛維一世（Clovis I）。他在父親兼法蘭克人國王希爾德里克一世（Childéric I）去世後，於西元四八一年以十六歲之姿登上王位。克洛維一世引用祖父墨洛維（Mérovée）之名，為自己創立的王朝命名為「墨洛溫王朝」。克洛維一世在四八六年的蘇瓦松戰役中，打敗統治高盧北部的「羅馬人的國王」夏克立烏斯（Syagrius），擴張了領土。

克洛維一世迎娶身為基督教徒的勃艮第王國的公主克洛蒂爾德（Clotilde），西元四九六年，他和三千名士兵一同皈依羅馬天主教。當時在高盧的日耳曼人人口不超過百分之五，但其中對當地居民影響最大的，是擔任基督教主教的高盧－羅馬人出身的元老院貴族。也就是說，克洛維一世改宗是令高盧－羅馬人接受法蘭克人統治的重要里程碑。

西元五〇七年，克洛維一世消滅西哥德王國，更進一步擴張領土，並於五〇八年定都於巴黎。五一一年克洛維一世去世時，法蘭克王國的領土除了日耳曼裔的布列塔尼人居住的阿摩里卡半島（現在的布列塔尼半島）部分區域以外，已拓展至幾乎相當於現代法國的領土範圍。

與羅馬天主教會調停

克洛維一世拓展勢力的成功因素，在於他和基督教的關係。基督教原本是從猶太教衍生而來的宗教，於西元一世紀從中東萌芽，創教者為耶穌（Yahushua）。耶穌死後，門徒奉他為基督（救世主之意），並積極傳播教義至當時坐擁廣大領土的羅馬帝國各地。在西元一世紀的期間，基督教便已經傳入了首都羅馬。

雖然無從得知基督教是在什麼時候傳入高盧，不過早在二世紀，高盧就已經有教會了。西元一七七年，羅馬皇帝下令在盧格杜努姆（現在的里昂）迫害基督徒，包含主教波提努斯（Pothin de Lyon）在內，共有四十八名教徒殉教。

西元三世紀，基督教在羅馬帝國內的影響力擴大，三一三年受到羅馬帝國認可，三九二年甚至成為羅馬帝國唯一的國教。同時，基督教內部還整頓成以羅馬教會、君士坦丁堡教會、亞歷山大教會、耶路撒冷教會、安提阿教會這五大據點為中心的教會制度。這些教會定期開會，判斷基督教各個宗派

當時的日本

日本在西元300年代的歷史，稱作「空白的四世紀」。從247年左右卑彌呼去世，直到413年以前，中國的史書都沒有出現關於日本的記述。不過根據考古研究，可以得知當時有成立於3世紀的大和政權正在拓展勢力。

是正統還是異端，並確認他們宣揚的教義是否正確。

西元三九五年，羅馬帝國分裂成西羅馬帝國和東羅馬帝國（又稱拜占庭帝國）。四七六年，西羅馬帝國滅亡，羅馬教會（後來的羅馬天主教會）失去了後盾，不再具備優勢和位於東羅馬帝國的君士坦丁堡教會爭奪首位權（在五大教會中職權的牧首）。因此，羅馬教會努力向日耳曼人傳教。就在此時，克洛維一世在羅馬教會轄區的漢斯教堂受洗，皈依天主教。這件事對羅馬教會來說是做夢也想不到。

順便一提，後來的法蘭克國王幾乎都是在漢斯的主教座堂舉行加冕典禮。漢斯大主教會在國王的頭頂淋上聖油，進行賜予特殊力量的基督教儀式「祝聖」，因此加冕典禮又稱作祝聖式。

其實，同屬日耳曼人國家的西哥德王國和勃艮第王國，都比法蘭克王國要更早改宗基督教，但他們並非皈依正統的尼西亞派，而是屬於異端的亞流教派。羅馬教會支持的尼西亞派，是主張耶穌（＝基督）與神擁有同一本質，而且聖父、聖子、聖靈是屬於三位一體的存在。相較之下，亞流派則主張耶穌終究是凡人。換言之，法蘭克王國是唯一獲得羅馬教會支持的日耳曼人國家。

羅馬教會的教義，起初只受到都市地區的人民信奉，不過後來也逐漸傳播到了農村地區。農村雖然仍保留著在高盧－羅馬時代根深蒂固的宗教，但羅馬教會也依需求融合了其中某些元素，成功吸引更多信徒。

權臣竊國

法蘭克人的傳統是由男性後代平均繼承財產，因此在克洛維一世死後，法蘭克王國由他四個兒子分割成四個王國，稱作「分王國」。

長子提烏德里克繼承以漢斯為首都的分王國，次子克羅多米爾繼承以奧爾良為首都的分王國，三子希爾德貝特繼承以巴黎為首都的分王國，末子克洛泰爾則繼承以蘇瓦松為首都的分王國。

分裂四國的法蘭克王國

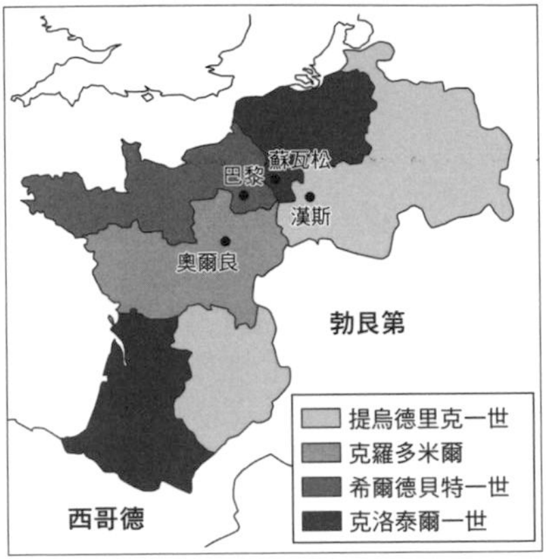

之後法蘭克王國傳承了好幾個世代，經歷分分合合，又消滅了勃艮第王國並併吞其領土，最終整合成奧斯特拉西亞（東分王國）、紐斯特利亞（西分王國）和勃艮第王國，共三個分王國。

雖然後來也曾出現由單一國王君臨整個法蘭克王國的時代，但因為三個分王國的架構已經底定，所以墨洛溫王朝時代的法蘭克王國最終並沒有統一成為一個國家。

這些王國在每一次世代交替時，都會經歷統一和分裂，導致法蘭克王國的國力逐漸衰落。在這樣的過程當中，權力中樞有個人物開始嶄露頭角，他就是查理（Charles Martel）。查理是在奧斯特拉西亞王國擔任國王側近的「宮相」（Maior domus）——丕平（Pépin de Herstal，丕平二世）之子，他在父親死後繼承其地位，最終兼任三個分王國的宮相，掌握整個法蘭克王國的權力。

西元七三二年，查理在圖爾－普瓦捷戰役率軍，擊敗了從伊比利半島北上的伊斯蘭勢力。有一說認為，由於查理在戰場上展現出勇猛的英姿，因此人們引用法語中意指「鐵鎚」的「martel」，為他取了綽號「鐵鎚查理」。

查理的兒子丕平（Pépin le Bref）也驍勇善戰，常遠征南部，並且將朗格多克併入領土。七五一年，丕平罷黜了墨洛溫王朝的國王希爾德里克三世（Childéric III），成為成為法蘭克王國的國王（丕平三世）。墨洛溫王朝就此結束，開啟了加洛林王朝。加洛林王朝一名，是取自其父親查理一名的拉丁語讀法Carolus。

加洛林家族的家譜

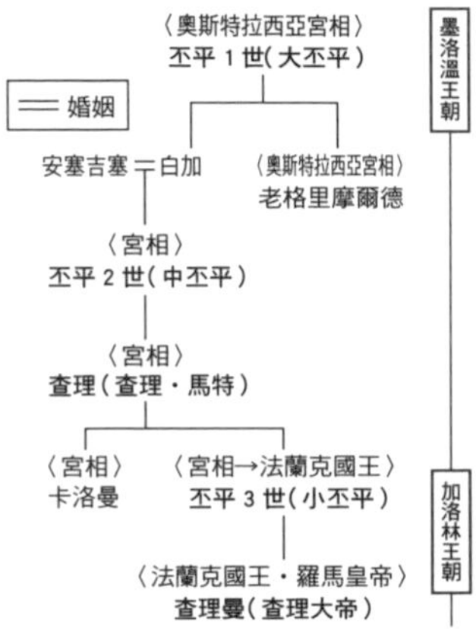

丕平三世的行為無疑是篡奪王位，因此他為了將自己的行為正當化，便在加冕時依據《舊約聖經》的「傅油」聖事，由主教為他的身體塗抹聖油。丕平三世後來也要求羅馬教宗為他傅油。

丕平三世為了回報教宗承認他王座合法權一事，率軍進攻當時統治了現在義大利半島大部分區域的倫巴底王國，在七五六年將得到的義大利半島北部到中部領地，以及拉芬納地區的管轄權獻給教宗。於是，由教宗直轄的「教宗國」就此誕生，這件事史稱「丕平獻土」。

大帝擴張領土

令法蘭克王國加洛林王朝的勢力更進一步強盛者，是丕平三世的兒子查理（Charles，德語為Karl）。查理在西元七六八年繼承父親的王位（查理一世），通稱為查理曼（Charlemagne，法語意即「偉大的查理」，德語則譯作「查理大帝」），相傳他的外表威風凜凜。查理原本是和弟弟卡洛曼（Carloman）一同繼承王位，但卡洛曼在七七一年英年早逝，從此只由查理一人統治王國。

查理曼一生征戰無數，數度發起遠征行動，努力擴張領土，最後將法蘭克王國拓展南至伊比利半島、北至現在的丹麥、東至現在的匈牙利，王國疆域在此時相當廣闊。

羅馬教會十分樂見查理曼所向披靡。法蘭克王國和羅馬教會的關係因為丕平獻土而變得親近，當查理曼在七七四年消滅倫巴底王國，自立為倫巴底國王，效法父親將義大利中部獻給教宗後，雙方關係又更加緊密。西元八〇〇年的聖誕節，教宗良三世還為應邀協助羅馬鎮壓叛亂的查理曼加冕為「羅馬人的皇帝」。

這是自西元四七六年西羅馬帝國滅亡以來，睽違三百多年在舊西羅馬帝國的土地上復興皇帝的權力，國王的世俗權力和教宗的宗教權力在這裡密切結合。從此直到十世紀上半葉，都是由查理曼的後代繼承皇位。

話說回來，在東羅馬帝國和伊斯蘭教世界，君主都會兼任宗教領袖；相較之下，法蘭克王國的君權和宗教神權儘管緊密連結，但兩者仍是分別獨立。這個傳統也對後來的歷史造成深遠的影響。

查理曼將全國劃分成約五百個行政區，負責統治的官員稱為「伯爵」，伯爵治理的土地則是「伯爵管區」。查理曼將忠誠的家臣封為伯爵、派遣各地，讓自己的權力能夠涵蓋王國各

個角落。此前的墨洛溫王朝是攏絡各地早已建立勢力的有力人士，由國王直接任命為伯爵，與加洛溫王朝的統治方法截然不同。而分封至各地的伯爵逐漸培養勢力，最終成為有力的貴族。

查理曼治世期間也致力發展文化。他招聘不列顛島的神學家阿爾琴（Alcuin）以及其他多位學者進宮，努力復興以拉丁語為主的羅馬文化。後世援引十四世紀從義大利開始的希臘羅馬文化復興運動（文藝復興），將這場運動稱作「加洛林文藝復興」。

查理一世憑藉這些功績，贏得「查理曼」（查理大帝）和「歐洲之父」的美譽。

法蘭克王國分裂

西元八一四年，查理曼去世，終結了他長達四十六年的統治，繼位的是三男路易（路易一世，Louis I）。路易的兄弟全部早夭，所以由他一人繼承了所有法蘭

兩份條約造成的領土變化

根據〈凡爾登條約〉

根據〈梅爾森條約〉

克王國的領土。

路易一世在即位數年後，決定將王國分封給長男洛泰爾、次男丕平、三男路易。但後來路易一世再婚，又決定將領土分給第二任妻子所生的四男查理。這件事導致路易一世和洛泰爾發生爭執，最終演變成父與子四人牽連周遭人士的內戰。

三男丕平在西元八三八年、路易一世在八四〇年相繼去世後，洛泰爾打算獨吞法蘭克王國全土，可是卻敗給了攜手合作的路易和查理，三人在八四三年簽訂了《凡爾登條約》。

於是，法蘭克王國分裂成東法蘭克王國、中法蘭克王國、西法蘭克王國，長男洛泰爾（洛泰爾一世）統治中法蘭克王國，三男路易（路易二世，路德維希二世）統治東法蘭克王國，四男查理（查理二世）則統治西法蘭克王國。

洛泰爾一世死後，三個王國之間再度發生領土紛爭，所以八七〇年又簽訂了《梅爾森條約》。根據條約內容，東法蘭克王國和西法蘭克王國的領土擴張，中法蘭克的領土則縮小、變成義大利王國。法蘭克王國往後也不再統一，東法蘭克王國成為「德國」的雛形，中法蘭克王國成為「義大利」，而西法蘭克王國則成為日後的「法國」。

西法蘭克王國陷入混亂

西法蘭克王國的開端並非一帆風順。西元八七七年，查理二世去世後，由其後代繼承王位，然而代代都十分短命，使得王權逐漸式微。

不幸的是，外敵又在此時侵略西法蘭克王國。從法蘭克王國時代開始，這塊地域就遭受伊斯蘭教勢力和馬扎爾人（匈牙利人）的攻擊；但是在這個時代，最令西法蘭克王國煩惱的，卻是沿著海岸並深入主要河川流域搶劫的維京人。維京人是指原本居住在斯堪地那維亞半島的日耳曼人，他們在這個時期肆虐西歐各地。

西元八四五年，大批維京人沿著塞納河來到巴黎，大肆掠奪。巴黎之後也多次遭受維京人的威脅。有些維京人甚至還直接進占他們侵略的土地。

將時代稍微往後一點，查理三世（Charles III le Simple）任內的九一一年，由維京首領羅洛（Rollo）率領的維京人進攻西法蘭克王國，國王答應賜給他們土地定居，條件是不得在西法蘭克王國內作亂，並皈依天主教。他們居住的西北部諾曼第地區後來成為諾曼第公國，於是他們便被稱作諾曼人。

西元一〇六六年，諾曼第公爵威廉（Guillaume I）征服英格蘭王國（後來的英國），大幅影響了法蘭西和英格蘭的關係。

王權衰微和外侮威脅，使得西法蘭克王國地方貴族勢力壯大。他們被稱作「領邦君主」，其領地「領邦」為數不少，所以西法蘭克王國逐漸演變成許多小型王國的集合體。

到了十世紀，勃艮第公爵、吉耶訥公爵、法蘭德斯伯爵、安茹伯爵、諾曼第公爵等各個領邦貴族群雄割據、激烈衝突。王權明顯弱化，最後西法蘭克王國不再是世襲，而是由各個有力貴族透過選舉來選出國王。

當時的日本

10世紀的平安時代，各地陸續發生動亂。938年在現在的秋田縣，一群俘囚攻擊當地的官廳。翌年，平將門在關東、藤原純友在瀨戶內海沿岸襲擊官廳。兩場亂事合稱承平天慶之亂。

耐人尋味的法國偉人❷

大帝麾下揮舞名劍的勇士

羅蘭

Roland

（？～778）

成為民間傳說的主人翁名留青史

日夜征戰的查理曼，其一生事蹟都記錄在《查理大帝傳》，持續傳頌於後世。而在傳記中登場的查理曼麾下十二名勇士（十二聖騎士）當中的一人，就是布列塔尼邊境伯爵羅蘭。

無人得知羅蘭在歷史上的真實面貌。不過，在778年查理曼率領大軍遠征伊比利半島與伊斯蘭勢力作戰，卻在征戰的回程途中遇上當地山區民族襲擊，陷入絕境。而羅蘭正是當時負責殿後，阻止敵人追擊的後衛部隊指揮官。

創作於11世紀，為中世文學的代表性史詩（又稱武功歌）《羅蘭之歌》，當中描述了羅蘭當年在同袍一一戰死的窮途末路中，仍揮舞寶劍杜蘭達爾，力抗敵人直到生命最後一刻的英姿。

chapter 3

法蘭西的起點

羅伯家族的崛起

正當加洛林王朝日薄西山之際，西法蘭克王國境內卻有新勢力崛起，那就是羅伯家族。

羅伯家族原本是以現在的德國萊茵河和默茲河中間的地區為據點，在八四〇年左右，家族當中的強者羅伯（Robert le Fort）將據點遷至現在法國西北部的安茹。路易一世去世後，法蘭克王國根據《凡爾登條約》，劃分成東法蘭克王國、中法蘭克王國、西法蘭克王國。強者羅伯直到八六六年死於和維京人的戰爭以前，都不斷拓展領土，增強勢力。

強者羅伯的兒子厄德（Eudes）繼承爵位，在八八二年成為巴黎伯爵。八八六年巴黎一度面臨維京人包圍的危機，不過他堅持抗戰長達一年，最終成功擊退敵人，因此聲勢大漲。

與此同時，加洛林王朝相繼出現短命的國王。西元八八四年，國王卡洛曼二世

（Carloman II）去世後，由東法蘭克國王胖子查理三世（Charles III le Gros）於八八五年兼任西法蘭克國王。當查理三世於八八八年去世後，才首度由與加洛林家族毫無血緣關係的厄德在西法蘭克王國的實力人士和主教推薦下繼任王位。

不過，加洛林家族的血脈並沒有斷絕。當厄德在沒有繼承人的情況下於八九八年逝世後，加洛林家再度取回王位，由糊塗王查理三世即位。

在厄德死後，繼承羅伯家爵位的是其弟羅伯（Robert I）。他罷黜查理三世，於九二二年以羅伯一世之名登上王位。然而僅僅一年後，羅伯一世卻在和查理三世的戰爭中逝世，由他的兒子雨果接續打贏這場仗。此次勝利為雨果贏得「偉大的雨果」（Hugues le Grand）之名。不過雨果只是從旁輔佐加洛林家族，沒有登上王位。

王室的變化

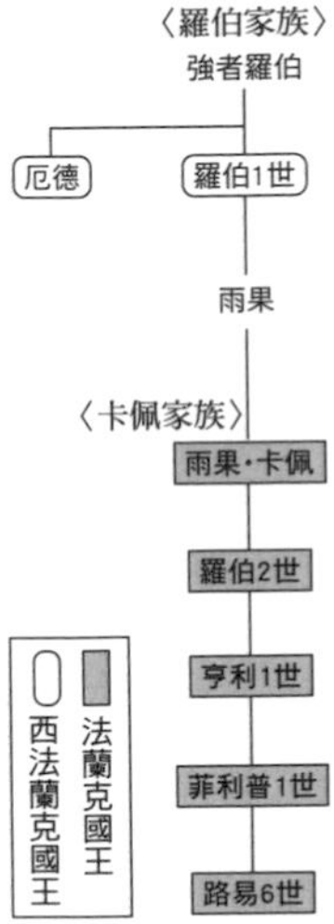

卡佩王朝創建

西元九八七年，沒有後繼者的路易五世（Louis V）去世後，西法蘭克王國需要再次選任國王。角逐王位的有路易五世的叔叔下洛林公爵查理，以及偉大雨果的兒子雨果・卡佩（Hugues Capet）。結果由深受漢斯大主教器重，而且與亞奎丹公爵、諾曼第公爵、上洛林公爵有姻親關係的雨果・卡佩勝出。同年，雨果・卡佩即位，羅伯家族的後代又再度登上了王位。

雨果・卡佩的「卡佩」其實是他的小名。卡佩是起源於神職人員身穿的「聖袍」（cappa），雨果非常愛穿這件袍子，所以才會取了這個綽號。這個詞透過葡萄牙語傳入日本後，就轉化成了日語的「合羽」（kappa，意指斗篷）。

自雨果・卡佩以降，都是由他的子孫代代繼任西法蘭克王國的王位，因此後世就援引雨果的小名，稱這個王朝為「卡佩王朝」。卡佩王朝的直系血統延續了大約三百年，包含支系的瓦盧瓦王朝和波旁王朝在內，繼承雨果・卡佩血脈的人物，實際上有長達八百年都登上王位，君臨法蘭西。

雖然卡佩王朝並沒有明確的建國宣言，但新王朝的成立，可以視為西法蘭克王國從此變成「法蘭西王國」。

不過，卡佩王朝成立的初期權力並不強大。當時的王國本來就處於王權衰落的時期，各個貴族紛紛割據西法蘭克王國的領土。追根究柢，羅伯家最初也是領邦貴族之一，只不過是爬上了國王的地位而已。在偉大雨果的時代，羅伯家以廣大的領土為傲，不過在卡佩王朝創始當初，國王的統治地僅限於以巴黎為中心的地區和奧爾良。

國王這個稱謂，容易令人聯想到得以統治廣大國土的至高權力者，但實質上管轄王國各個地區的是領邦貴族。這個時代的貴族宣誓效忠國王，國王則會保護貴族，這個關係就稱作「封建制度」，國王依據封建制度間接管轄各個地區。卡佩王朝創立初期，有些領邦貴族並不承認雨果・卡佩的國王地位，儘管他貴為國王卻臉上無光。

為此，雨果・卡佩在即位半年後，便安排兒子羅伯（Robert II，羅伯二世）以共同統治者的身分即位。之後，卡佩王朝便建立了由歷代國王生前為兒子加冕的傳統習俗。

雖然卡佩王朝初期的歷任國王勢力並不強大，但或許就是他們努力堅守王位的繼承權，才能為即將到來的躍進鋪路。在這個平均壽命偏短、孩子不易長大成人的時代，卡佩王朝一直都能繁衍直系男性繼承人，而且每一任國王都相當長壽，這個現象後來便稱作「卡佩奇蹟」。

加入十字軍東征

從雨果・卡佩傳承至第六代國王路易七世（Louis VII），在即位的一一三七年迎娶亞奎丹公國的繼承人艾莉諾（Eleanor of Aquitaine）為妻，從這場婚姻中獲得法國西南部廣大的亞奎丹公國。在他父親路易六世（Louis VI）的時代，已經為卡佩王朝奠定了大致的基礎，更加鞏固王朝在國內外的勢力。西元一一四七年，路易七世以法蘭西國王的身分，參加了第一次十字軍東征。

十字軍東征，是在一〇九五年由羅馬教宗發起，目的是為了拯救因東羅馬帝國（拜占庭帝國）式微，而受到穆斯林打壓的東方基督徒。第一次的十字軍東征成功號召許多來自法蘭西王國的貴族參加，後來甚至建立耶路撒冷王國和埃德薩伯國等十字軍國家。

在路易七世的時代，埃德薩伯國因穆斯林的反擊而淪陷，於是各國又組成了第二次十字軍東征。西元一一四七年，路易七世準備萬全加入了第二次十字軍東征，但主要成員的步調卻十分混亂，結果第

當時的日本

12世紀中葉的日本，由武家取代藤原氏等貴族活躍於政壇。源氏與平氏二大家族的紛爭逐漸白熱化，於1156年、1159年先後發生保元之亂和平治之亂。在這場紛爭中勝出的平清盛，於1167年升任為第一個武家出身的太政大臣。

二次十字軍東征以失敗告終。雖然路易七世成功至聖地耶路撒冷巡禮，但最終也只能撤退回國。

路易七世的不幸並未就此結束。他與艾莉諾的關係日漸惡化，雙方於一一五二年解除婚姻關係。路易七世失去了好不容易得到的亞奎丹公國，而且艾莉諾還與安茹伯爵亨利二世（Henry II）結婚。亨利二世不僅繼承安茹伯國，更兼領亞奎丹公國，形成強大的勢力。亨利二世後來更因繼承諾曼第而兼任英格蘭國王，成為橫在路易七世面前的一大障礙。

英格蘭國王從屬於法蘭西國王？

法國和英國（當時的英格蘭）長年紛爭的歷史，或許就是源自於路易七世和安茹伯爵亨利在位的時代。不過，兩國對峙的導火線其實還能追溯到更久以前，早在加洛林王朝末期的九一一年，羅洛率領維京人定居諾曼第地區、建立諾曼第公國的時候。

西元一〇六六年，卡佩王朝第四任國王菲利普一世（Philippe I）在位時，諾曼第公爵威廉進攻英格蘭，打敗了當時的英格蘭國王，登上王位（威廉一世）。這件事就稱作「諾曼第征服英格蘭」。

雖然威廉一世加冕為英格蘭國王，但是並不代表他放棄了諾曼第公國的統治權；也就是說，他既是英格蘭國王，同時也仕從法蘭西國王。

如此複雜的關係就這麼傳承了幾個世代，經歷英格蘭內戰後，威廉一世的後代安茹伯爵亨利，便以亨利二世的名義繼任為英格蘭國王。

亨利二世在英格蘭創立的王朝就是「安茹王朝」，或是以安茹家族紋章的植物金雀花（Plantagenet）圖騰，稱為「金雀花王朝」。由於安茹王朝領土涵蓋英格蘭、威爾斯、愛爾蘭等不列顛群島，以及安茹、諾曼第、亞奎丹這些曾屬於法國的廣大領地，所以又稱作「安茹帝國」。

法蘭西王室與英格蘭王室

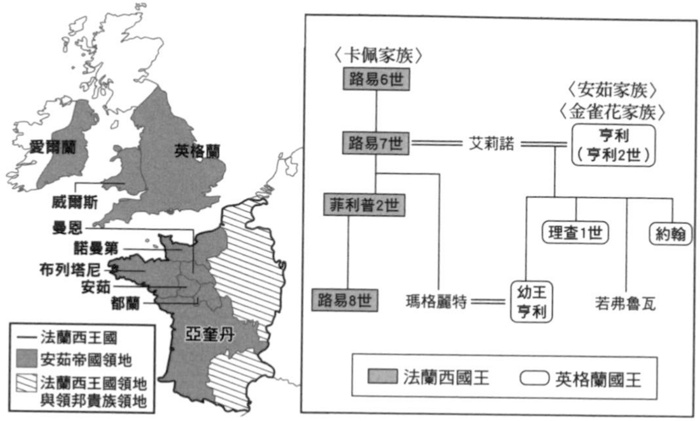

介入英格蘭內亂

對於亨利（亨利二世）統治版圖的擴大，路易七世當然不會咬著指頭袖手旁觀。一一五一年，亨利繼承諾曼第公爵和安茹伯爵領地時。路易七世要求他對身為國王的自己行臣服之禮。一一六〇年，路易七世將再婚所出的公主瑪格麗特，許配給亨利二世和艾莉諾所生的兒子幼王亨利。不難想像此舉的目的，正是為了強化自己對安茹帝國繼承人的發言權。

西元一一七〇年，幼王亨利和父親以

共同統治者的身分成為英格蘭國王，他也履行婚約，和瑪格麗特公主完婚，路易七世成為幼王亨利的岳父。到了一一七三年，英格蘭發生內戰，起因是亨利二世打算將幼王亨利繼承的領地封給小兒子約翰（又稱為無地王約翰）。路易七世表態支持幼王亨利，這場紛爭後來還牽連了安茹家族與周邊的領邦貴族。

最後，幼王亨利遭到壓制，再度證明了亨利二世的實力；不過路易七世也令亨利二世吃足了苦頭，藉由與安茹帝國一戰而提高了自己在國際的影響力。

與獅心王苦戰

路易七世在一一八〇年去世後，由兒子菲利普二世（Philippe II）繼續與安茹帝國爭奪權勢。與此同時，英格蘭的安茹王朝，與亨利二世發生內鬨的次男幼王亨利則是在一一八三年病逝，四男若弗魯瓦（Geoffrey II，布列塔尼公爵若弗魯瓦二世）也在一一八六年意外去世。因此最後由三男理查（Richard I，亞奎丹公爵理查一世）成了王位繼承人。

亨利二世要求理查將繼承的亞奎丹公國讓給小兒子約翰，但遭到理查拒絕。西元一一八八年，菲利普二世以法蘭西國王的身分支持理查，英格蘭再度引發內戰。

這場內戰形成理查與菲利普二世對上亨利二世與約翰的對峙局面，但約翰眼見情勢對自己不利後，隨即便倒戈投奔哥哥理查和菲利普二世的陣營。也許是此事帶來的打擊太大，亨利二世隨後於一一八九年病逝。

在亨利二世之後繼位的理查，成為英格蘭國王理查一世，並兼任亞奎丹公爵、諾曼第公爵和安茹伯爵。

西元一一九〇年，菲利普二世參加第三次十字軍東征。這場發生於一一八七年的戰爭，目的是奪回遭到伊斯蘭教王國埃宥比王朝的蘇丹薩拉丁（Saladin）所占領的聖地，理查一世和神聖羅馬皇帝腓特烈一世皆親自出征。但是，菲利普二世和理查一世的關係惡化，加上內政問題，菲利普二世在翌年即歸國。另一方面，勇猛的理查一世則不愧對其「獅心王」的稱號，留在聖地繼續作戰。

菲利普二世趁著這個大好機會，在一一九三年慫恿約翰陸續占領理查一世在法國的領地。然而翌年理查一世歸來，旋即向菲利普二世宣戰。直到西元一一九六年雙方和解時，菲利普二世幾乎失去了所有搶來的土地，還因為婚姻問題而與羅馬天主教會交惡，這段時期的菲利普二世的運氣可說是跌落到谷底。

安茹帝國瓦解

西元一一九九年，菲利普二世的宿敵理查一世因為作戰負傷而去世。結果，約翰成為英格蘭國王兼亞奎丹公爵、諾曼第公爵和安茹伯爵。儘管菲利普二世和約翰在與理查一世的權勢爭奪中站在同一陣線，但是當他們變成法蘭西國王與英格蘭國王的關係後，那就另當別論了。

對菲利普二世來說，幸運的是約翰國王不同於理查一世，是個漏洞百出的人。西元一二〇二年，菲利普二世借某個事件為口實，以法蘭西國王的立場傳喚約翰到法庭，但約翰拒絕出庭應訊。於是菲利普二世以封臣未能履行效忠義務為由，沒收約翰國王在法蘭西的領土。

失策連連的約翰國王，只好與繼承了安茹家族血統的神聖羅馬皇帝奧托四世（Otto IV von Braunschweig）、反抗菲利普二世的法蘭西貴族聯手，在一二一四年向菲利普二世宣戰。這場戰役以戰場的所在地命名，稱作布汶戰役。菲利普二世與王儲路易一同擊退了聯軍。

西元一二一六年，約翰國王在失意中逝世，曾以龐大版圖為傲的安茹帝國只能一路走向衰退。不過，之後的英格蘭國王仍以亞奎丹公爵的身分，繼續維持在法國的領地，而這也種下日後英法百年戰爭的遠因。

法國史上屈指可數的明君

菲利普二世贏得布汶戰役的戰果後，從此迎向王朝的全盛時期。他在位期間，陸續獲得諾曼第、安茹、都蘭、奧弗涅、普瓦圖、阿圖瓦、韋爾芒多瓦、曼恩、馬爾什等地，領土拓展成即位當初的四倍之大。

西元一二一五年，菲利普二世派王儲路易加入阿爾比十字軍。阿爾比是深受扎根於法國南部朗格多克的摩尼教影響的異端派系，別名卡特里派。一二〇九年，羅馬教宗號召組成阿爾比十字軍，討伐卡特里派。法蘭西王室也在布汶戰役結束後正式參戰。這場戰爭，使法蘭西王室在南法的影響力更加深化。

菲利普二世在拓展領地的同時，也致力於行政改革。

除了在菲利普一世任期內設置的負責管理領地的代官（Prévôt）以外，菲利普二世還在北部增設行政長官（Bailli）、南部增設總管大臣（Sénéchal）等官職，由國王任免，負責管轄地方，建立起中央直轄的架構。

另一方面，這時名為「市鎮」（commune）的城市自治運動也十分興盛。隨著商業愈來愈活絡，城市居民開始渴望脫離領邦貴族獨立自治。菲利普二世答應保障他們的自治權，但條件是他們必須發誓效忠國王，並允諾賦予相當於領邦貴族的地位。尤其反抗王權的領邦，菲利普二世更加強推行支持市鎮發展的政策。

中央的統治機關也順利建構中。約於西元十一世紀成立的王室法庭（Curia Regis），在十二世紀劃分成負責王室成員的「國王內廷」（Hôtel le Roi），與負責國政的「國王法庭」（Cour du Roi）。十三世紀，國王的宮廷又再度劃分為「重臣會議」（Cour des Pairs）、由王室成員和專門官員組成的「國王委員會」（Conseil du Roi）、司法機構「高等法院」（Parlement）、負責財政的審計法庭（Chambre des Comptes），以及採身分制議會的三級會議（États généraux）。

菲利普二世在位期間也將巴黎整建成首都。西元一一八〇年，巴黎成立十八學院，奠定了大學城的基礎；一一八三年，新設了中央批發市場（Les Halles）；一一八六年街道鋪設了石板。一一九〇年，為了防禦英格蘭入侵，開始修建高約七公尺、總長約五公里的巴黎城牆，這就是著名的「菲利普二世・奧古斯都城牆」。城牆的外側則建有羅浮宮堡，專門保管重要的文書資料，這棟建築就是後來的羅浮宮雛形。

法蘭西王國在菲利普二世的時代大幅發展。菲利普二世功績無數，因而被評為法國史上屈指可數的明君，並賦予他「尊嚴王」（Augustus）的美譽。

信仰虔誠的國王

西元一二二三年，菲利普二世去世後，兒子路易以路易八世之名即位。路易八世是卡佩王朝第一個在前任國王死後才繼位的國王。他延續了從父親時

當時的日本

平氏政權開始衰退的1180年，源氏的棟梁源賴朝在石橋山舉兵。此後源氏在與平氏的戰爭中一直保持優勢，最終於1185年的壇之浦之戰中消滅平氏。賴朝獲得朝廷賜予的全國守護、地頭任命權，並於1192年任征夷大將軍。

代開始的阿爾比十字軍討伐行動，在法國南部持續強化王室的影響力，但卻在遠征途中染病，在位三年即去世。

路易八世的繼承人是兒子路易九世（Louis IX），他在一二二六年、年僅十二歲即位。路易九世被尊崇為「聖路易」（Saint Louis），塞納河上的聖路易島和美國地名聖路易斯，都是引用他的名號命名。從這個別名可以想像出他對基督教的信仰有多麼虔誠，他在駕崩後於一二九七年由羅馬天主教會追封為聖人。

由於路易九世即位當時年僅十二歲，各個貴族蠢蠢欲動，但幸好有攝政的母親卡斯蒂利亞的布蘭卡（Blanche de Castille）從旁輔佐，他才能克服困境順利長大成人。一二二九年，路易九世討伐卡特里派，終結了從祖父菲利普二世在位時展開的圍剿阿爾比派的十字軍行動。

路易九世成年後，先是處理法蘭西的各種內政問題，待國內問題都告一段落後，才於一二四八年參加第六次十字軍東征，目的是奪回被伊斯蘭教勢力占領的耶路撒冷。然而他卻被伊斯蘭勢力俘擄，歷經重重苦難，結果未有斬獲，於一二五四年黯然歸國。在這場十字軍東征以後，路易九世逐漸蛻變成足以配得上「聖人」之名的性格。

路易九世開始注重簡樸的生活，並嚴密保護教會和修道院。一二五七年，他贊助神學家羅伯・德・索邦（Robert de Sorbon），在巴黎建造神學研究專用的學院。這就是歐洲最古老的大學之一索邦學院（現在的巴黎第一大學）的起源。

路易八世以後的王室

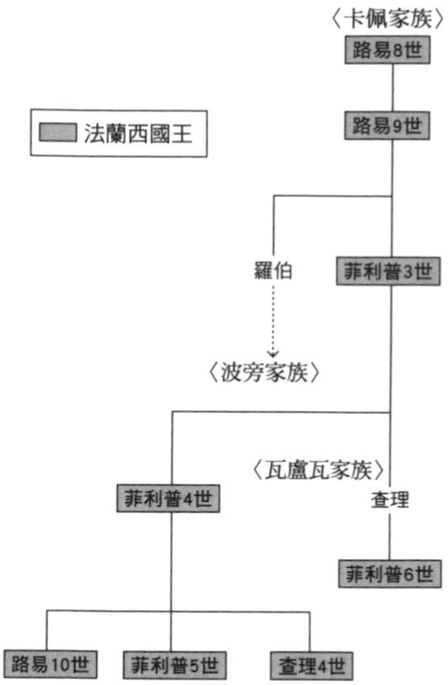

外交方面，路易九世則是極力避免戰爭，改透過外交談判來解決糾紛。一二五八年，他和亞拉岡國王海梅一世（Chaime I lo Conqueridor）簽訂條約，放棄西班牙邊境領地的宗主權，條件是亞拉岡

國王也必須放棄南法的領有權，成功切斷了亞拉岡與南法的聯繫。同年，路易九世和英格蘭國王簽訂《巴黎條約》，讓英格蘭國王正式放棄諾曼第、安茹等地的主權，交換條件是歸還亞奎丹等多塊土地。

路易九世在國際上也是十分活躍的談判高手，當支持神聖羅馬帝國的皇帝派，和支持羅馬教宗的教宗派發生紛爭時，他也接受委託居中調停。

一二七〇年，路易九世組成第七次十字軍東征，企圖再次進攻伊斯蘭世界，卻在進軍突尼西亞的途中染上重病，與世長辭。

推行改革的睿智國王

路易九世的後繼者、兒子菲利普三世（Philippe III）在位十五年，更加鞏固了王權。一二八五年即位的菲利普三世之子菲利普四世（Philippe IV），則是和菲利普二世、路易九世齊名，名列卡佩王朝的明君之一。

菲利普四世的時代，卡佩家族已經擁有許多領土，建立強大的勢力。菲利普四世強化王權，而後盾就是在大學裡習得專業法律知識的一群「法律顧問」（Légiste）。

菲利普四世與採取和平路線的祖父路易九世不同，他接連發動戰爭，戰爭支出當然也與之高漲，於是他決定向神職人員課稅，以籌措戰爭經費。但是此舉卻觸怒羅馬教宗波尼法爵八世（Bonifacius PP. VIII）。

西元一三〇一年，菲利普四世因為教宗派的主教表態反抗，下令將其逮捕關押，令波尼法爵八世終於忍無可忍。

就在王室與教宗的關係惡化之際，一三〇二年，

當時的日本

13世紀下半葉，中國元軍入侵日本，史稱「蒙古襲來」。雖然日本在兩場戰役後終於擊退元軍，但上場作戰的御家人卻沒有得到充足賞賜，飽受貸款之苦。鎌倉幕府於1297年頒布日本史上第一道德政令「永仁德政令」，作為救濟的配套措施。

菲利普四世下令將法國各地的人民代表召進巴黎聖母院，針對王室與教宗的衝突展開協商。神職人員（第一級）、貴族（第二級）、平民（第三級）這三個身分的代表齊聚一堂，所以這場集會又稱作「三級會議」。直到絕對王權時期以前，法國王室後續又召開了幾次三級會議。

順便一提，這時召開會議的巴黎聖母院，是早期的哥德式代表建築。哥德式藝術發源自十二世紀的法國北部，直到十六世紀前都是歐洲建築和藝術的主流風格。其建築特色是擁有高聳的天花

板、廣大的彩繪玻璃花窗，以及尖型拱門。

言歸正傳，西元一三〇二年，菲利普四世在三級會議中得到人民的支持，於翌年九月逮捕了拜訪羅馬近郊阿納尼的教宗（史稱阿納尼事件）。雖然教宗稍後獲釋，卻因為過度驚嚇而在一個月後去世。

新上任的教宗本篤十一世（Benedictus PP. XI），或許是畏懼菲利普四世的權力，並沒有追究波尼法爵八世一事。然而本篤十一世在上任不滿一年後即猝逝。

一三〇五年，法國出身的波爾多大主教當選為教宗，以克萊孟五世（Clemens PP. V）之名即位。在當時的義大利，教宗派與神聖羅馬皇帝派的對立漸趨白熱化，於是教宗在一三〇九年決定將教廷遷到法國南部的城市亞維儂。從此以後，教廷駐在亞維儂長達七十年，而繼任的教宗也都是來自南法地區。

菲利普四世在強化王權、壓制羅馬教宗的影響力以外，還發起了一大行動，那就是解散聖殿騎士團。

聖殿騎士團是直屬於羅馬教宗的團體，創建目的是確保十字軍東征時負責保護巡禮者的安全。他們以天主教會為後盾，累積了龐大的資產，進行類似現代銀行業的交易行為。從路易七世在位的時代開始，法國的國庫就交由他們管理，就這麼一直延續到菲利普四世的時代。

然而在一三〇七年，菲利普四世以異端罪名逮捕所有聖殿騎士團團員，旋即於一三一〇年將五十四人處以火刑。有一說法認為，菲利普四世是為了掌握法蘭西王國的財務，才會處死聖殿騎士團。一三一二年，聖殿騎士團正式解散。

菲利普四世有「美男子」之稱，他憑著與俊美的外貌相悖的冷靜睿智性格，致力於強化王權的統治架構。

卡佩王朝的末日

卡佩王朝的直系男性繼承人未曾間斷，幾乎每一任國王都很長壽，儼然就是

「卡佩奇蹟」。但是，從繼承菲利普四世王位的路易十世開始，情況就開始改變了。路易十世和第一任王后只生下女兒。當路易十世去世時，第二任王后還在懷孕中，雖然她在國王死後誕下了男嬰，但男嬰活不過數日便夭折。

從法蘭克王國時代開始，法國的傳承慣例就是土地、王位和爵位都只能由男性合法繼承，女性或女性後代都不具備繼承王位的資格，這個王位繼承法就稱作《薩利克法》。按照《薩利克法》，路易十世的公主沒有資格繼承王位。

結果，路易十世的繼承人是其弟普瓦捷伯爵菲利普，以菲利普五世（Philippe V）之名即位。但菲利普五世同樣也沒有生下繼承人，於是再由其弟馬爾什伯爵查理，以查理四世（Charles IV）之名即位。王室相信這次應該沒有問題了，但意想不到的是，查理四世同樣未生下男性後代即駕崩。

有「歐洲祖母」之稱的女中豪傑

亞奎丹的艾莉諾

Aliénor d'Aquitaine

（1122～1204）

從法國王后成為英國王后

相傳艾莉諾的性格奔放、不受常規束縛。第一任丈夫法蘭西國王路易七世參加第二次十字軍東征時，她也隨行出征。她因為和嚴肅正經的路易七世相處不睦，又無法生下男性子嗣，兩人的婚姻被宣判無效。

然而短短兩個月後，艾莉諾便和安茹伯爵亨利再婚。亨利以亨利二世之名，加冕成為英格蘭國王，於是艾莉諾也成為英格蘭的王后。

亨利二世野心勃勃，將兩人所生的女兒作為政治聯姻的籌碼。其中一個女兒產子無數，艾莉諾的血統因此遍布全歐洲，才讓她有了「歐洲祖母」的稱號。

亨利二世駕崩後，艾莉諾代替不斷在外征戰的兒子理查一世（獅心王理查）攝政，支撐整個國家。在理查一世成為敵方俘虜時，儘管她已年過70歲，卻依然親自前往外國談判，成功令敵人釋放理查。

chapter 4

由守轉攻

瓦盧瓦王朝的承襲

西元一三二八年，查理四世去世。如同路易十世駕崩時的情景，王后肚子裡的胎兒仍在待產中，因此在孩子出生以前，國家朝政是由瓦盧瓦伯爵菲利普攝政。然而王后最終產下的卻是女兒，就和路易十世當年的狀況一樣，公主無法成為王位繼承人。因此王室召開重臣會議決定國王人選，最後選中的正是此前攝政的瓦盧瓦伯爵菲利普。

菲利普的父親查理是法王美男子菲利普四世的弟弟，獲封北部的瓦盧瓦地區作為親王領地（親王是指長子以外的王子和王弟），成為瓦盧瓦伯爵。菲利普相當於菲利普四世的姪子，也繼承了卡佩家族的血統。

突然登上王位的瓦盧瓦伯爵菲利普，和歷代國王一樣在漢斯的主教座堂舉行加冕儀式，以菲利普六世（Philippe VI）之名即位。傳承約三百年的卡佩王朝直系血脈就此斷絕，取而代之的是瓦盧瓦王朝（參照69頁的圖）。

百年戰爭爆發

瓦盧瓦伯爵菲利普即位成為法蘭西國王時，卻有個人出面干涉，他就是與法蘭西王室淵源深遠、金雀花王朝的英格蘭國王愛德華三世（Edward III）。愛德華三世的母親伊莎貝拉是菲利普四世的女兒，所以愛德華三世也繼承了卡佩家族的血統，於是他據此主張「我（愛德華三世）也有法蘭西的王位繼承權」。

結果，瓦盧瓦伯爵菲利普以菲利普六世之名即位時，愛德華三世必須以領有亞奎丹地區的吉耶訥大公的身分，向菲利普六世宣誓效忠。

然而問題就在這裡。當時野心勃勃的愛德華三世，正為了征服蘇格蘭王國而忙得不可開交，但菲利普六世卻公然支援蘇格蘭王國。除此之外，雙方之間對於法蘭德斯地區（現今的比利時西部一帶）也發生爭議。菲利普六世企圖統治資源豐富的法蘭德斯，但毛織產業興盛的法蘭德斯所需的羊毛原料卻必須從英格蘭王國進口，所以和英格蘭的關係十分密切。

百年戰爭時期的英法王室

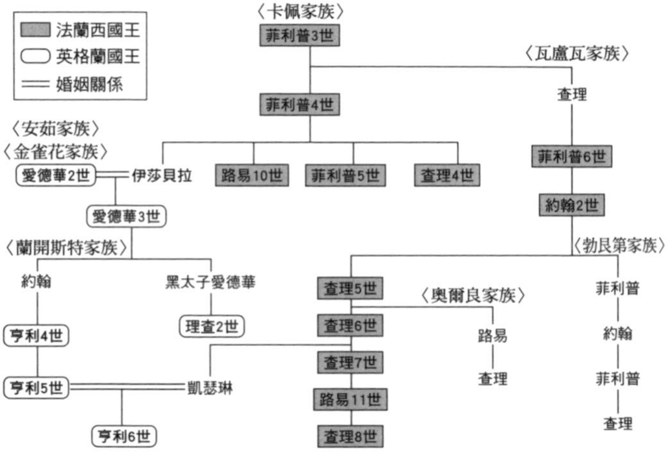

諸多因素綜合在一起，致使兩人的關係逐漸惡化，直到一三三七年，菲利普六世沒收了愛德華三世在法蘭西的部分領地。憤怒的愛德華三世宣示不再效忠菲利普六世，他再次以法蘭西王位繼承人自稱，向菲利普六世宣戰。

於是，這場發生在法國本土、由菲利普六世與愛德華三世揭開序幕的戰爭，從西元一三三九年開戰。圍繞著兩國的戰事一直斷斷續續延伸到一四五三年，為期將近百年，因此後世稱為「百年戰爭」。

英法雙方維持著一進一退的拉鋸戰，在一三四一年布列塔尼公爵逝世後，愛德華三世趁著繼承權之爭，成功駐軍在布列塔尼。一三四六年法國北部爆發戰役，愛德華三世之子黑太子愛德華（Edward the Black Prince）大顯身手，英軍大獲全勝。法國北部的城市加萊落入英格蘭手中，直到一五五八年以前都是英格蘭的領地。

西元一三五〇年，菲利普六世駕崩。之後由他的兒子約翰二世（Jean II）接手繼續這場戰爭。

黑死病無情肆虐

這個時代不只有百年戰爭，還有各式各樣的危機襲向法國。

由於氣候不佳、農作物歉收，各地經常發生饑荒。西元一三四七年起源於中亞、為鼠疫其中一種的黑死病席捲歐洲，最終傳入了法國，這場黑死病大流行在當時造成法國約三分之一的人口死亡。

就在黑死病疫情達到高峰的一三五六年，在戰爭中敗北的約翰二世成了英軍的俘虜，關押在英格蘭首都倫敦的宅邸內。

國王被俘這樣前所未有的大事，再加上戰爭、饑荒與瘟疫，導致法蘭西的國政徹底荒廢，民怨日漸高漲，因此被貴族蔑稱為「札克雷」（Jacques）的農民在一三五八年以法國北部為中心發起了大規模的暴動（史稱札克雷暴動）。同年，地位相當於巴黎市長的巴黎商人行會的行首艾蒂安・馬賽爾（Étienne Marcel）響應這場行動，也發起叛亂行動（艾蒂安・馬賽爾暴動），反抗王權的統治手段。

王儲查理的活躍

果敢挺身面對這場危機的，是王儲查理。查理在父親約翰二世關押在倫敦的期間主導朝政，鎮壓了札克雷暴動和艾蒂安・馬賽爾暴動。但是，即使國內的暴動順利平息，也沒有改變英法對峙中法軍處於下風的情勢。一三六〇年，查理和愛德華三世簽訂《布勒丁尼－加萊條約》。根據條約內容，愛德華三世放棄布列塔尼和法蘭德斯，但能夠獲得法國西南部的廣大領地，而且不需要向法蘭西國王宣誓效忠。另一方面，法國則必須支付英國龐大的賠款。

查理為了籌措戰爭經費和清償賠款，下令改鑄貨幣、設立新稅制，致力改革財政措施。當中最值得一提的就是稅制改革。查理規定家家戶戶都需要繳納直接稅「租稅」（taille），和消費時一併繳納的間接稅「鹽稅」（gabelle）。這項新的稅收制度支撐起日後的法蘭西王國，後世也因此稱呼王儲查理為「稅金之父」。

儘管王儲查理如此費盡心力，卻還是無力還清巨額的賠款。一三六四年，被關押的約翰二世於倫敦去世，王儲查理以查理五世（Charles V）之名即位。

不過，在百年戰爭的前半期，法國並非一直單方面被英格蘭壓制。

西元一三六八年，英國的黑太子愛德華根據之前的條約，對取得的領地居民強制課說，於是查理五世訴諸法庭審判，成功收回大部分割讓給英格蘭的土地。

一三七五年，雙方簽訂《布魯日和約》，除了加萊、波爾多、貝雲以外，所有被英格蘭占領的土地都可以回歸法國。百年戰爭初期的局勢就此底定。

內鬨白熱化

一三八〇年，查理五世去世後，其子查理年僅十二歲便以查理六世（Charles VI）之名即位。但查理六世患有腦神經疾患，一三九二年精神異常發作，無法再履行國王的職務。許多有力人士趁機出面爭奪權力，他們就是國王的監護人勃艮第大公約翰，以及查理六世的弟弟奧爾良公爵路易。

勃艮第家族起源於一三六三年，查理五世之弟菲利普二世獲封勃艮第作為親王領地。他在一三八四年因為結婚而獲得法蘭德斯伯爵的領地，而這段婚姻所生下

的子嗣就是約翰。

另一方面，奧爾良公爵是瓦盧瓦王朝的創始人菲利普六世授予二兒子菲利普的爵位，後來，查理五世也將同一爵位授予次男路易。奧爾良公爵的爵位從此以後都是授予排行僅次於王儲的王子，是法國位階最高的公爵。

創建瓦盧瓦王朝的菲利普六世，在繼承王位之前的身分是瓦盧瓦伯爵，也算是王室成員。過去領邦貴族林立、以一國一城堡統治者的身分分治全國的封建體制正逐漸消亡。但是，為國王提供戰力的眾貴族在各自領地上的統治權依然強盛，擁有親王領地的親王不必對國王宣誓效忠，所以經常出現獨立自主的傾向，有時還會擅自採取違反國王利益的行動。

勃艮第公爵菲利普和約翰父子在法蘭西東部和北部拓展勢力，奧爾良公爵路易則在西部和南部拓展勢力。就在兩家遲早將會爆發衝突的局勢下，西元一四〇七年，奧爾良公爵路易遭到勃艮第派系的人馬暗殺。路易的兒子查理繼承了爵位，以其岳父阿馬尼亞克公爵為中心的諸侯都支持查理。於是，勃艮第派和奧爾良—

阿馬尼亞克派的王室支系權力鬥爭愈演愈烈。

百年戰爭才剛告一段落，轉眼間法國國內就爆發內戰，而後英國涉入這場內戰，開啟了百年戰爭的第二階段。

法國國王同時有兩人!?

英格蘭在理查二世的任內結束了安茹王朝（金雀花王朝），一三九九年蘭開斯特王朝開始。一四一五年，英格蘭國王亨利五世（Henry V）趁著法國內戰登陸諾曼第，要求法國歸還奪走的土地並交出王位。以阿馬尼亞克派為主的法軍出面迎戰，卻一敗塗地。

一四一七年，由於查理六世的兒子相繼逝世，所以王儲的頭銜由五男查理（後來的查理七世，Charles VII）繼承。此時英軍再次來襲，勃艮第派趁此良機占領巴黎、掌握實權，查理只能逃往中部城市布爾日。

但是，勃艮第派受到英軍勢力威脅，又轉而與力抗英軍的阿馬尼亞克派和談，結果在會席間，勃艮第公爵約翰遭到刺殺身亡。

一四二〇年左右的法國

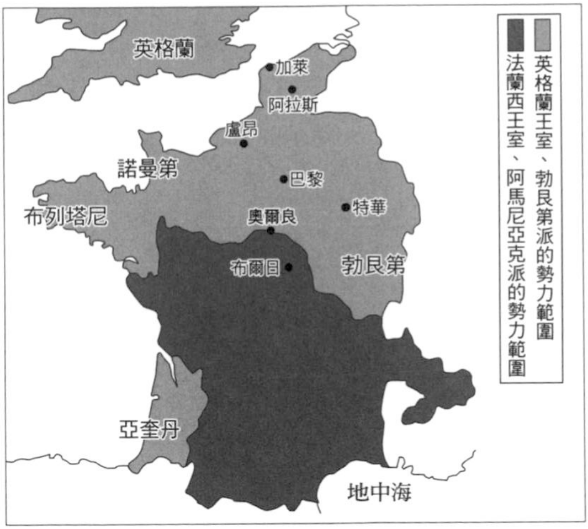

約翰的兒子菲利普繼承爵位成為勃艮第公爵。他認為這場暗殺是王儲查理一手策劃，便與英格蘭國王聯手，一四二〇年，法國王室和亨利五世簽訂《特魯瓦條約》。條約明訂亨利五世與查理五世的女兒凱瑟琳結婚，且在繼承人查理六世死後方可繼承法國王位。這項決定也受到三級會議的認可。

一四二二年，亨利五世和查理

六世相繼去世。結果根據《特魯瓦條約》的規定，亨利五世的兒子亨利六世（Henry VI）出生僅十個月，就要兼任英格蘭國王和法蘭西國王。因此由亨利六世的叔父、貝德福德公爵擔任攝政王，管轄羅亞爾河以北的法國領地。

同時，因《特魯瓦條約》而失去王位繼承權的王儲查理，在阿馬尼亞克派的支持下，統治羅亞爾河以南的法國領地。查理六世去世後，他宣布以查理七世的名號即位，但是並沒有得到勃艮第派的認可。與此同時，一四二八年，阿馬尼亞克派的據點奧爾良遭到勃艮第派和英軍包圍，查理七世身陷危機。

顛覆戰局的少女

西元一四二九年，一名少女前來謁見查理七世。這名少女自稱受到神的指引要來解放奧爾良，並為查理七世執行聖別禮。她就是以「奧爾良的少女」一名廣為人知的貞德（Jeanne d'Arc）。貞德率領查理七世派給她的軍隊，成功擊退了英軍，解除奧爾良被圍困的危機。

之後，查理七世在貞德的守衛之下，順利於漢斯主教座堂舉行加冕典禮，正式宣誓成為法蘭西國王。自從貞德介入英法兩國的戰爭後，查理七世的陣營便得以重振聲勢。

貞德雖然成為法蘭西的救國英雄，但她的結局卻非常悲慘。在一四三〇年的戰役中，她遭到勃艮第軍所俘擄，輾轉移交到英軍的手中；翌年一四三一年，貞德接受宗教審判，卻被判處異端邪說的罪名，最終在法國西北部城市盧昂的廣場上處以火刑示眾。

實際上，貞德是在十九世紀中葉以後才廣為人知，因而被神化為守衛國家的英雄，在一九二〇年由羅馬天主教會封為聖女。

百年戰爭結束

貞德遭到處死後，阿馬尼亞克派依然保有優勢。一四三五年，他們與原本敵對的勃艮第派簽訂《阿拉斯條約》，雙方達成和解。查理七世加強對英軍的攻勢，最終於一四三六年奪回巴黎，後續的戰役也百戰百勝，於一四五三年的卡斯蒂永戰役取勝，終結了始自一三三九年的英法百年戰爭。

法軍將英軍逐出歐洲大陸後，英國在法國的領地只剩下加萊，而且在一四五五年，金雀花王朝的支系蘭開斯特家族和約克家族之間的紛爭也進一步發展成王國內戰，導致英國沒有餘力在法國境內繼續作戰，從此以後，英國再也沒有正式出兵進攻法國。

百年戰爭結束，對於擊退英國威脅的法國王室而言，下一個必須處置的目標就是勃艮第公國。

西元一四六一年，查理七世駕崩後，兒子路易（路易十一，Louis XI）即位。

路易十一加強對勃艮第公國的攻勢，在一四七七年的戰爭中打敗了勃艮第公爵查理。勃艮第公爵查理沒有男性後繼者，只能由女兒瑪麗（Marie de Bourgogne）繼承。路易十一要求瑪麗交出領土，但是瑪麗卻在同一年和名門哈布斯堡家族的馬克西米利安（Maximilian I，後來的神聖羅馬皇帝）結婚。而路易十一的兒子查理八世（Charles VIII），按照一四九三年與馬克西米利安一世簽署的和約，法蘭西王國兼併勃艮第地區，勃艮第公國就此解體。

另外，路易十一為了任意運用領邦貴族的領地，將安茹、曼恩、普羅旺斯都併入國王領地。不僅如此，查理八世之所以在一四九一年迎娶布列塔尼公國的女公爵安妮（Anne de Bretagne），目的就是併吞布列塔尼公國。但由於查理八世在數年後很快便逝世，所以布列塔尼公國才得以持續傳承。之後，法蘭索瓦一世（François I）和安妮的女兒克洛德（Claude de France）結婚，在克洛德去世後的一五三二年，布列塔尼公國才併入國王的領地。

法國經歷了百年戰爭後，貴族勢力逐漸式微，王權變得更加集中，但是構成國家軍事力量的依舊是貴族階層，他們長久統治領地所培養出來的實力並沒有那麼輕而易舉地削弱。然而自卡佩王朝後期開始具備雛形的統治機構，以及從查理五世時代形成的稅收制度，這些體制改革都慢慢帶領著法蘭西王國一步步邁向近代化國家。

目標轉往義大利

路易十一在一四八三年去世，繼承人查理八世主張自己擁有拿坡里王國的王位繼承權，遂於一四九四年率領三萬大軍遠征義大利。這場遠征揭開了牽涉許多國家、長達五十年以上的「義大利戰爭」序幕。

當時的義大利半島有多個小國林立，其中勢力最為強盛的是米蘭公國、威尼斯共和國、佛羅倫斯共和國、教宗國，以及拿坡里王國這五個國家。查理八世聲稱自己繼承了十三世紀拿坡里王國的王室血脈，理當擁有有王位繼承權而發動戰爭。可是這個主張未免太強詞奪理，明眼人都看得出他不僅想要擴張勢力，還垂涎地中海貿易所賺進的財富，也十分嚮往全盛時期的文藝復興（古典文化復興運動）風潮。

法軍以傭兵部隊為主，武力堅強，在一四九五年輕易占領拿坡里王國，但義大利各國卻組成同盟開始反擊。同年，法軍只能撤出義大利。

查理八世返回法國後，在沒有繼承人的情況下於一四九八年逝世。這麼一來，只能由查理六世的弟弟，也就是被冊封為奧爾良公爵（Duc d'Orléans）的路易以路易十二（Louis XII）之名繼承王位。

路易十二的祖母來自米蘭公爵維斯孔蒂家族。基於這個背景，路易十二同樣主張自己有權繼承拿坡里王國和米蘭公國，於一四九九年

十五～十六世紀的王室

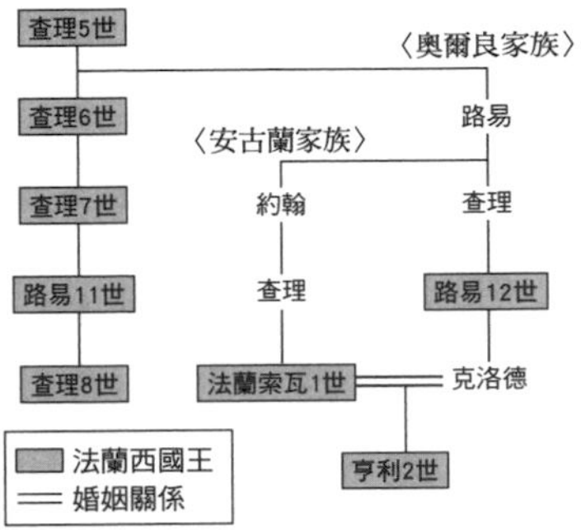

出兵。雖然他依序占領了米蘭公國、拿坡里王國，但終究還是面臨以羅馬教宗為首的同盟勢力反抗，最後還是無法成功統治義大利。

路易十二也在沒有子嗣的狀況下於一五一五年逝世，於是由和奧爾良家族同樣屬王室支系的安古蘭家族的法蘭索瓦，以法蘭索瓦一世（François I）之名即位。法蘭索瓦一世也在即位後不久出征義大利，並於一五一六年成功占領了米蘭公國。

就是無法放棄義大利！

西元一五一九年，神聖羅馬皇帝馬克西米利安一世駕崩。可是，神聖羅馬帝國的皇帝並不是以血統決定繼承人，而是由七名選帝侯（七位擁有皇帝選任權的有力諸侯）透過選舉來選任。當然他們也舉行了下一任的皇帝選舉，但出乎意料的是法蘭索瓦一世竟然在候選名單之中，不過他落選了，最後是由哈布斯堡家族出身的西班牙國王卡洛斯一世（Carlos I）雀屏中選，登基成為神聖羅馬帝國皇帝（查理五世，Karl V）。如此一來，這就演變成神聖羅馬帝國的版圖從東西包夾法國，所以法蘭索瓦一世無論如何都想掌控義大利。

一五二一年，法國和神聖羅馬帝國開始爭奪義大利。教宗良十世（Leo PP. X）與查理五世聯手，進攻法國統治的米蘭公國，導致法國就此失去了米蘭公國。在一五二五年的戰爭中，親臨前線的法蘭索瓦一世遭到帝國軍俘擄，被關押在西班牙王國首都馬德里。他為了重獲自由，只好簽訂條約，允諾放棄米蘭、拿坡里，以及法國在勃艮第和法蘭德斯的統治權。

然而，法蘭索瓦一世卻在順利歸國後宣稱要撤銷條約，並與害怕神聖羅馬帝國過度強大的羅馬教宗和義大利各國聯手，於一五二七年再次點燃戰火。

最後為這場糾纏不休的義大利戰爭畫下句點的，是法蘭索瓦一世的兒子亨利二世（Henri II）。亨利二世在一五四七年即位，他繼承父親的遺志，繼續與查理五世作戰。但是在一五五六年，查理五世卻決定主動退位。神聖羅馬皇帝的地位由查理五世之弟斐迪南一世（Ferdinand I）繼承，西班牙國王的頭銜則由查理五世的兒子腓力二世（Felipe II）繼承，西班牙王國和神聖羅馬帝國就此分離。

長年的征戰為各國財政帶來沉重的負擔，因此在一五五九年，法國和西班牙，以及這個時期與法國交好的英國，三方共同簽訂了《卡托－康布雷西和約》。

根據條約，法國完全放棄在義大利半島上的權利，同時取回法國北部各個城市和原本屬於英國的加萊。此外，西班牙國王腓力二世還與法國國王亨利二世的女兒伊莉莎白（Élisabeth de Valois）結婚，作為和平的證明。

當時的日本

室町時代晚期，正值武田信玄和上杉謙信、毛利元就等武將的版圖之爭。與這些武將相比，當時勢力還太過微薄的織田信長，在1560年的桶狹間之戰大破今川義元的軍隊。從此以後，信長的勢力大幅擴張，在1573年終結了室町幕府。

文藝復興的成就

在義大利戰爭的時期，成為主戰場的義大利正處於文藝復興的巔峰。這裡不僅是古羅馬帝國與文明的發源地，商業也因為地中海貿易而繁榮發展。西元一四五三年東羅馬帝國（拜占庭帝國）滅亡時，來自拜占庭的傑出學者和文化人士紛紛移居義大利，使得當時的義大利成為文化、藝術的中心。

查理八世遠征義大利時，曾經帶回大量的美術品作為戰利品。法蘭索瓦一世更是深受義大利文藝復興所感動，曾經在一五一六年邀請義大利的美術巨擘李奧納多・達文西（Leonardo da Vinci），前來法國中部昂布瓦斯城堡附近的宅邸作客。達文西直到去世以前，在這裡度過了三年的歲月。

法蘭索瓦一世還建造了許多文藝復興樣式的建築。在巴黎郊外的楓丹白露宮改建之際，他聘請了羅索・菲奧倫蒂諾（Rosso Fiorentino）和其他多位來自義大利的藝術家協助。而曾經與這群義大利人共事的法國宮廷藝術家，就稱作楓丹白露畫派。

法國就這樣落實了義大利的文藝復興樣式，吸收其風格與影響後，最終發展出自己獨特的古典主義風格。

法蘭索瓦一世在文化方面的功績並非僅止於此。一五三〇年，他創立了現在的高等教育機構、法蘭西公學院的前身「王家學院」（Collège Royal）。這是由研究員組成的機構，同時也具備須將研究成果回饋給市民的教育意義。

西元一五三九年，法蘭索瓦一世頒布了《維萊科特雷法令》，規定以法語取代拉丁語，成為正式公文的官方語言。此舉賦予了法語正統性，更是充實法語文化非常重要的里程碑。

國王遠在教會之上！

法蘭索瓦一世在義大利戰爭的收穫，不只有文化事業而已。從王權強化的觀點來看，他在一五一六年與羅馬教宗良十世簽訂的《波隆那協約》也非常重要。這份協約確立法國國王擁有國內的大主教、主教與修道院院長等高階神職人員的任命權。

這個權力轉變，可以往前追溯到卡佩王朝後期的菲利普四世，當時的法蘭西國王試圖凌駕於教宗的權威之上，特意引發阿納尼事件來撼動教宗的地位，進而造成一三〇九年到一三七七年期間教廷從羅馬遷移至亞維儂的事態。

一三七七年，教宗額我略十一世（Gregorius PP. XI）回到羅馬，終結了延續約七十年的亞維儂聖座，可是法國國內反對教宗回到義大利的樞機主教（地位僅次於教宗的高階神職人員），卻在亞維儂擁立了另一位教宗。這個羅馬和亞維儂各有教宗的「天主教會大分裂」（Schisme）持續長達四十年之久。這一連串的事件，也象徵了教宗影響力大不如前。

西元一四三八年，查理七世頒布國事詔書，向法國教會主張國王的優越性。一五一六年，根據《波隆那協約》，明訂在法國境內，法蘭西國王的地位高於羅馬天主教領袖的教宗。於是，這種認為法國國王的世俗權力高於教會的思想，就稱作「法國天主教會自主論」（高盧主義，Gallicanisme）。

地位比羅馬教宗優越的法蘭索瓦一世，利用教會組織來整頓統治體系。他在西元一五三九年頒布《維萊科特雷法令》，規定不只通行公文必須使用法語書寫，各教區的主教還必須負責在教區名簿上列出受洗和死亡紀錄，賦予他們管理所轄教區居民的義務。

當時的日本

室町幕府第8代將軍足利義政，雖然是引發應仁之亂（1467～1477年）的元兇，不過他同時也調和武家、公家與僧侶文化，以東山山莊為中心創立東山文化。有銀閣寺之稱的慈照寺，就是由義政一手創立的代表建築。

舊教與新教的對立

簽訂《卡托－康布雷西和約》的一五五九年，亨利二世因意外身亡。繼位的法蘭索瓦二世（François II）在位僅十七個月即去世。一五六一年，法蘭索瓦二世的弟弟查理九世（Charles IX）繼位，但因為他年僅十歲，所以是由母親凱薩琳・德・麥地奇（Catherine de Médicis）攝政（參照106頁圖）。

查理九世即位當時，仕從國王的貴族分成「(羅馬)天主教」和「新教」兩派，彼此對立。新教是在十六世紀初，以出身自現在的德國、當時的神聖羅馬帝國薩克森公國的神學家馬丁・路德（Martin Luther）為代表，他們批判羅馬天主教會，組成新的基督教派系。「新教」這個稱呼是取自這個派系的德國諸侯，對於自詡為天主教守護者的神聖羅馬皇帝政權發起的「抗議」(protestatio)。指稱天主教的「舊教」一詞，即是對應「新教」而來。

西元一五一七年，路德批判天主教會以重建教堂的名義發行贖罪券（購買即可減輕罪行的證書），他在威登堡的教堂門前張貼《九十五條論綱》。這份論綱引起一陣騷動，而路德本人也在一五二一年遭到教宗開除教籍。隨後，路德將聖經的拉丁語翻譯成德語，並主張信徒應當回歸聖經的思想，創立了路德派。

一五五五年，神聖羅馬皇帝與薩克森選帝侯國等信仰新教的諸侯簽訂《奧格斯堡和約》，承認路德派的教義。神聖羅馬帝國的皇帝為了維護權勢，實在無法忽略路德派諸侯的意見。可見新教的勢力已經強盛到有如此影響力了。

在路德稍後的時代，法國國內出現一名神學家約翰・喀爾文（Jean Calvin）。喀爾文以瑞士日內瓦為中心，推行宗教改革，對法國人民影響深遠。喀爾文派（改革派）的人馬被羅馬天主教會稱作「胡格諾派」。胡格諾（Huguenot）的詞源，據說來自德語中意指「結盟」的 Eidgenossen，亦有其他說法。而胡格諾派也是屬於新教。

當查理九世即位時，法國國內以喀爾文派為中心的新教徒人數逐漸增加，與天主教之間的關係也愈發緊繃。

節慶之夜的慘劇

很快地，天主教和新教的緊繃關係終於達到了頂點。一五六二年三月，天主教勢力代表的吉斯公爵一派，針對週日聚集行禮拜的胡格諾派信徒發起了一場大屠殺。翌年，吉斯公爵似乎遭到報復，死於胡格諾派的暗殺行動。這起事件在法國開啟了長達三十年以上的內戰「胡格諾戰爭」。

麻煩的是，天主教和胡格諾派的對立，還牽扯到貴族之間的權力鬥爭，變得更加錯綜複雜。查理九世的攝政凱薩琳・德・麥地奇非常擔心這個狀況，便安排胡格諾派的領袖納瓦拉國王亨利與查理九世的妹妹瑪格麗特結

婚，展現出兩派和樂融融的氣氛。納瓦拉王國位於法國和西班牙王國之間，是創建於十世紀的王國，當時的國王是波旁家族的亨利，一五八九年亨利即位成為法蘭西國王亨利四世後，納瓦拉王國便併入了法國。

一五七二年八月二十二日，亨利和瑪格麗特舉行婚禮數天後，胡格諾派的中心人物科利尼（Gaspard de Coligny）遭到暗殺未遂，胡格諾派向查理九世追究真相。然而就在兩天後的二十四日、聖巴托羅繆紀念日當天，天主教徒大肆屠殺胡格諾派信徒（史稱聖巴托羅繆大屠殺）。這場大屠殺還延燒到鄉村，據說在數個月內，巴黎就有三千名胡格諾派信徒遇害，全法國遭到迫害的胡格諾派信徒更達數萬人。

三亨利之戰

由此引發的胡格諾戰爭期間，一五七四年查理九世駕崩，後繼者是查理九世的弟弟亨利三世（Henri III）。身為天主教徒的亨利三世，也是與波旁家族的亨利結婚的瑪格麗特的哥哥。

在聖巴托羅繆大屠殺發生後，天主教和胡格諾派的關係更加水火不容。而且天主教國家西班牙、路德派勢力較強的神聖羅馬帝國諸侯國等國外勢力，也趁著這波宗教戰爭逐漸滲透入法國。

在種種危急狀況下，亨利三世儘管身為天主教徒，但為了保護法國不受他國侵擾而傾向於和胡格諾派和平共存，支持其主張者稱為「政略派」。但是妨礙國王推行這項政策的，卻是以天主教為主的「強硬派」，其中的代表人物就是點燃胡格諾戰爭導火線的吉斯公爵亨利（Henri I de Lorraine）。

於是，政略派的法蘭西國王亨利三世、天主教強硬派的吉斯公爵亨利和胡格諾派的波旁家族納瓦拉國王亨利，以這三人為中心形成了「三亨利」對立的局面。在胡格諾戰爭最終階段的一五八五年到一五八九年，這場圍繞著三亨利所展開的鬥爭就稱為「三亨利之戰」。

三亨利的關係

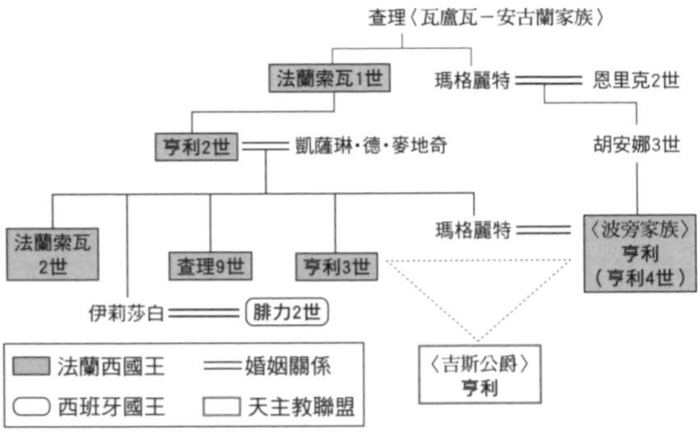

西元一五七六年，亨利三世頒布《博略敕令》，開放巴黎城牆以外的新教徒進行公開禮拜，並指定八座保障胡格諾派信徒安全的城市。可是強硬派不接受這道善待胡格諾派的敕令，便以吉斯公爵亨利為領袖，在巴黎組成「天主教聯盟」，推行反胡格諾運動。

吉斯公爵因為有巴黎市民力挺，勢力逐漸擴大，亨利三世無法對此坐視不管，便於一五八八年十二月派人暗殺吉斯公爵亨利。結果，一五八九年八月，換成狂熱的天主教修士反過來暗殺亨利三世。

亨利三世之後並沒有繼承人，於是傳承約二百五十年的瓦盧瓦王朝就此終結。

繼亨利三世之後登上法國王位的，是三個亨利之中唯一倖存的波旁家族納瓦拉國王亨利。他是法蘭索瓦一世的姊姊瑪格麗特（Marguerite de Navarre）的孫子，血統上和瓦盧瓦家族、卡佩家族都有關聯。一五八九年八月，納瓦拉的亨利以亨利四世之名即位，這就是「波旁王朝」的開端。

邁向主權國家

經歷了百年戰爭和義大利戰爭，法國除了國王領地以外，親王領地、領邦貴族領地、英格蘭領地共存的狀況已經逐漸解決；也因為戰爭時期拉長，戰爭規模亦擴大，有必要確保足夠的軍事經費，於是徵稅制度和政治機關也都逐步整建。

在戰爭中反覆失去國土又重獲領土的過程中，法國的邊界也逐漸明朗，形成由國界圍繞而成的「領域國家」。這種擁有外界認可的國界圍繞而成的領域、具有領域代表人物的國家，稱作「主權國家」，正是近代國家的雛形。

這段期間，法國的法律學家讓・布丹（Jean Bodin）出版其代表作《國家六論》，書中提出可推導出日後的「君權神授說」的思想，闡述國家主權的絕對性，而國家主權的骨幹只有國王一人。在這個理論的支持下，波旁王朝時期的法國開始追求中央集權，迎向後來以路易十四（Louis XIV）為代表的「絕對王權」時代。

耐人尋味的法國偉人④

千錘百鍊的近代外科醫學之父

帕雷

Ambroise Paré

（1510～1590）

服侍四代法蘭西國王的外科醫師

在醫學尚未發達的時代，都是由善用刀具的理髮師兼任外科醫師，這個職業叫作理髮外科醫師。帕雷也是一名理髮外科醫師。

1537年，他從軍參與義大利戰爭時治療過許多傷患，用自己發明的軟膏塗抹傷口來治療，因而建立了聲望。他也推廣止血的全新方法，並於1582年出版《外科學兩卷》，其成就不愧對於「近代外科醫學之父」的美譽。

亨利二世相中帕雷的本領，聘請為宮廷御用的外科醫師，而後他也擔任查理九世的外科醫師，連續服侍了四代法蘭西國王。

以「諾斯特拉達穆斯預言」聞名的猶太人預言家諾斯特拉達穆斯（Nostradamus，本名為米歇爾・德・諾特雷達姆，也是在同一個時期，以醫師、占星術師的身分仕於宮廷。

chapter 5

波旁家族的興衰

改宗天主教

在天主教和胡格諾派（新教）之間延燒許久的胡格諾戰爭，也牽扯到法國的王位繼承問題，局勢混亂到了極點。此時，從瓦盧瓦王朝的亨利三世手中繼承王位的波旁家族納瓦拉國王亨利，以亨利四世（Henri IV）之名，於一五八九年即位，開創了波旁王朝。

雖然亨利四世遵照王位繼承法即位，混亂卻沒有因此結束。天主教聯軍不僅不承認亨利四世的合法繼承權，甚至還擁立亨利四世的叔父登上王位，然而後者很快便在一五九〇年去世。即使如此，依然不願承認亨利四世為法蘭西國王的天主教陣營，便接受西班牙國王腓力二世的提議，召開三級會議，討論將西班牙公主送上法國的王位。

天主教陣營內部渴望安穩解決問題的保守派，希望亨利四世能夠皈依天主教。亨利四世也認為只要自己還是新教徒，混亂局勢就不可能結束，因此決心皈依天主教，於一五九三年改宗。結果，原本不承認亨利四世為國王的貴族都紛紛表示效忠，天主教聯盟的勢力便逐漸衰弱。

一致團結對外

雖然法國內部的天主教聯盟漸漸瓦解，卻沒有完全解散。而且，自詡為天主教勢力領袖的西班牙國王腓力二世，還持續為法國的天主教勢力提供武力和資金，煽動他們與新教勢力開戰。

亨利四世認為事態嚴重，遂於一五九五年向西班牙宣戰。亨利四世此時的算計，是國內的天主教貴族應該會為了避免被認定是私通西班牙的內應而表態支持他；向西班牙宣戰也是對國內的新教徒展現強勢立場，表明自己即使皈依天主教，也依然是法蘭西的國王，不會任由西班牙予取予求。於是，法國在亨利四世的領導下全國團結一致對外。

西元一五九五年，天主教聯盟的最高領袖馬耶納公爵與亨利四世達成和解。隨後，亨利四世在與天主教聯軍的紛爭中逐漸占據優勢，到一五九八年，原先強烈抗爭的貴族勢力終於願意歸順，天主教聯盟就此解散。從此以後，亨利四世便成為名符其實的法蘭西國王。

與此同時，亨利四世也與同為天主教信仰的西班牙王國發生戰爭，摸索著如何應對國內的新教徒。由於他已皈依天主教，所以更有必要消除新教徒內心「可能隨時遭到國王遺棄」的隱憂，必須盡量安撫他們的不安。

因此，亨利四世在一五九八年四月頒布《南特詔書》，限制新教徒組織團體、設立據點，但可以擁

當時的日本

統一日本、終結戰國時代的豐臣秀吉，在1598年逝世。秀吉死後，演變成勢力壯大的德川家康與視家康為威脅的石田三成等人對立的局面。而在短短兩年後的1600年，雙方陣營爆發決定天下的戰爭——關原之戰。

有信仰和禮拜的自由，也有擔任公職的權利。雖然天主教勢力反對這份詔書，不過亨利四世仍曉以大義，說服他們不該有天主教和胡格諾之分，而是大家一起努力成為優秀的法國人。

西班牙眼見無法戰勝終於克服國內嚴重宗教對立的法國，便放棄繼續作戰。雙方於一五九八年五月簽訂條約，結束西班牙王國和法國的戰爭，延續超過三十年的胡格諾戰爭，才終於在此時真正畫下句點。

一切志在恢復國力

儘管戰火終於平息，但法國的國力早已疲蔽衰微，重建國家成了當務之急。亨利四世首先徵召各地的士兵編制為國軍，防止各地動盪的衝突壯大成為暴動，也能加強國王的軍事力量。

接下來就是重振經濟。亨利四世召開國王顧問會議，推行政策以恢復農村凋零的景氣。他認為要重振國內經濟，最重要的是要復興農業。具體來說，他禁止債主為向農民討債而扣押家畜和農機具，並減少直接稅當中的租稅以減輕農民負擔。所幸在十七世紀最初的十年並沒有發生饑荒，農業有了顯著的復甦。另一方面，針對鹽稅這項間接稅也下令調漲，這一點是考量到身分地位愈高的人使用的鹽愈多，所以這項政策是為了向貴族和神職人員等毋須繳納租稅的特權階級課徵較多的稅金。

國王也下令嚴格執行徵稅，像是侵占稅金中飽私囊的地方官員一律解雇、監視徵稅過程是否合法，褫奪地方官員的特權。

此外，亨利四世也重新實施「賣官制」，將貴族之間慣例的官職買賣正式設為國家制度，以販賣官職作為新的財政收入。結果卻誕生一批買官的富裕市民（資產階級），這些人當中因擔任官職而成為新興貴族的人就稱作「穿袍貴族」，他們對法國政治的影響力也愈來愈大。

巴黎的市容在戰爭結束後也經過一番整頓，在流經市內的塞納河上建造石砌的新橋，以便通往河中央的西堤島，「Pont Neuf」即是其中之一。在法語中，「pont」意指橋梁，「neuf」意指全新，因此這個名稱直譯就是「新橋」，不過它現在卻是塞納河上最古老的橋梁。

除此之外，亨利四世還改建了羅浮宮，將為紀念王儲路易出生而特別建造的廣場命名為「皇家廣場」（即現在的孚日廣場）。這些嶄新的宮廷建築也是為了展現國王的權力。

而當國內情勢一旦穩定下來，亨利便開始積極向海外發展。他派出地理學家兼探險家尚普蘭（Samuel de Champlain）前去探索北美大陸，並於一六〇八年在北美大陸的東北部魁北克建設起殖民地。在此之前，亨利四世也曾經望眼亞洲，更在一六〇四年成立法國東印度公司。可惜的是，這間特許公司創建沒多久便停止營運，中止業務，一直到六十多年以後才再次重啟事業，實際在亞洲地區展開一系列的殖民活動。

賢明王亨利駕崩後的變局

亨利四世為了重建法國而頒布各種新興政策，贏得龐大的民意支持，甚至還被人民讚譽為「好王」（Bon roi Henri）。可是就在西元一六一〇年五月十四日，正當亨利四世乘坐馬車出行時，卻遭到天主教徒以短刀刺入胸口，不治身亡。

猝逝的亨利四世，其繼承人是他和王后瑪麗・德・麥地奇（Maria de' Medici）所生的兒子路易十三（Louis XIII）。此時的路易十三年僅九歲，還無法親自執政，因此由母親瑪麗攝政輔佐路易十三處理國政。成為攝政的王太后瑪麗，開除了前首席大臣敘利公爵（Duc de Sully），改提拔

長年服侍自己的寵臣孔奇尼（Concino Concini），隨心所欲處理國政。

瑪麗還計劃讓路易十三和西班牙公主奧地利的安妮（Anne d'Autriche）政治聯姻。瑪麗是狂熱的天主教徒，打算藉由迎娶天主教國家西班牙的公主作為路易十三的王后，好將國內政策轉向對天主教有利的局面。

可是，這樁婚姻等於是推翻了亨利四世過去費盡心思消除天主教和新教衝突的方針，因此引發新教的有力貴族反對。就連天主教貴族也對瑪麗執掌國政、獨攬利益和大權的作風大為不滿。

瑪麗為了減少有力貴族的反對，答應召開三級會議。西元一六一四年，三級會議召開，但這場會議只是讓自古即有的「佩劍貴族」（軍人貴族）和新興的「穿袍貴族」之間的對立更加尖銳化。不過有個人在會議裡的演講，吸引了瑪麗的注意，這個人就是主教黎希留（Duc de Richelieu）。後來她提拔黎希留，讓他參與國政。

母子相爭

路易十三成年後，王太后瑪麗依然不願意放下權力，導致母子之間產生嫌隙。西元一六一七年，路易十三和幾位心腹合謀肅清瑪麗的寵臣孔奇尼的人馬，然後再將瑪麗逐出宮廷。

掌握實權的路易十三，提拔自己欣賞的貴族呂伊內公爵（Duc de Luynes）為首席大臣。然而，呂伊內公爵其實並不適合從政，也缺乏行政能力，導致宮廷內外怨聲載道，有力貴族趁機發起暴動，叛軍還與被放逐的瑪麗聯手。害怕衝突的呂伊內公爵請來黎希留為路易十三和王太后瑪麗調停，雙方終於和解。

但是，無法重掌政權的瑪麗，和心存不滿的貴族再度發起武裝暴動。此時國王軍和叛軍之間發生戰鬥，這次紛爭雙方也同樣在介入調停的黎希留的遊說下收兵停戰。

沒多久，王室的親西班牙方針、強化對胡格諾的限制等政策引起國內反彈，西元一六二一年，新教徒發起暴動，就在暴動期間，呂伊內公爵去世。路易十三失去了近臣，只好選擇和王太后瑪麗和解，妥協讓此時擔任樞機主教的黎希留進入國王委員會，此時正是一六二四年。

路易十三在位期間，首席大臣黎希留立下了豐功偉業。他推動國內改革，目標是強化王權。既然如此，宗派的不同就只是次要問題。比方說，王室雖然壓迫國內的新教徒根據地，但同時對外又資助瑞典王國、丹麥王國和神聖羅馬帝國境內的新教勢力，謀求推翻哈布斯堡家族。

黎希留這項政策需要龐大的戰爭經費，只能不斷增稅。如果這樣還是不夠，就派直屬國王的總督（intendant）到各地加強落實徵稅。此外，他還擴充總督的權限，除了徵稅以外，還負責司法、維護治安、監視軍隊，因此與原本擁有地方

總督官位的貴族之間形成了雙重的權力結構。

王權透過總督深入貴族的領地，令貴族因特權受到侵犯而感到不滿。既有的貴族擁有強烈的「領地私有」意識（家產意識），這股強烈的家產意識，成為他們與實施中央集權的國王陣營爆發衝突的主因，也導致後續一連串的暴動。

王室至上

黎希留在法國國內大刀闊斧之際，同一時間的神聖羅馬帝國，境內則爆發天主教和新教派系的宗教戰爭。這場名為三十年戰爭（一六一八～一六四八年）的戰爭，並不只侷限於神聖羅馬帝國境內，還延燒成牽扯西班牙、瑞典等周邊各國的國際戰爭。

法國國內儘管強烈展現出天主教信仰的傾向，可是在三十年戰爭當中，並不是支持同屬天主教陣營的神聖羅馬皇帝軍，而是資助以新教立場參戰的瑞典王國。

波旁家族的家譜①

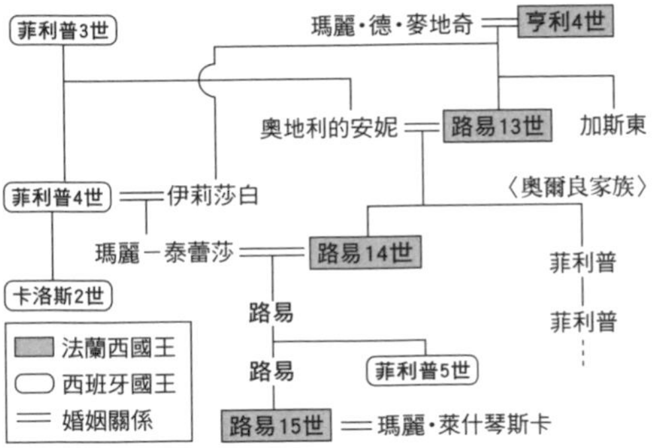

法國的目的，是想伺機進占哈布斯堡家族統治下的西班牙領地，也就是低地國和北義大利。一六三五年，法國和瑞典等國向天主教國西班牙正式宣戰，法西戰爭就此爆發。

法國和天主教國作戰的理由，在於由波旁家族統治的法蘭西，就夾在哈布斯堡家族出身的皇帝所統治的神聖羅馬帝國，以及同屬哈布斯堡家族的西班牙這兩大國家之間。也就是說，法國最重要的課題其實就是消除哈布斯堡家族的威脅。首席大臣黎希留明白無法再像以前一樣透過宗教來團結國家，所以進行外交決策時，從不將宗教視為重要的判斷基準。

這種將國家的存續和利益置於宗教、道德、倫理規範之上的思想，就稱作「國家理性」（raison d'État）。

在絕對王權的延續中，傳承權力的人，也就是後繼者的人選非常重要。然而，十四歲就從西班牙王室嫁作法國王后的安妮，和路易十三的感情形同陌路，長久以來都沒有生下子嗣。如果兩人日後依舊未能順利產子的話，就會改由路易十三的弟弟奧爾良公爵加斯東（Gaston Jean-Baptiste）繼承王位。

黎希留對於經常反抗政府和自己的加斯東沒有好感，因此費盡心思撮合路易十三和安妮。一六三八年，長達二十年未能生育的兩人終於誕下了第一個孩子，這個孩子就是日後的路易十四（Louis XIV）。

然而，後繼者問題並不是只有國王需要面對。重病纏身的黎希留知道自己命不久矣，便重用了來自義大利、已歸化法國的教宗特使馬薩林（Jules Mazarin），作為自己在政務上的繼承人。

紅衣主教黎希留最後在一六四二年與世長辭，在他去世數個月後，路易十三也隨之駕崩。

暴動與王權強化

路易十三的後繼者，是年僅四歲的路易十四。由王太后安妮攝政，馬薩林為首席大臣，加斯東則成為王國代理統帥。

首席大臣馬薩林接手自路易十三的任期以來，與神聖羅馬帝國和西班牙王國，也就是與哈布斯堡家族的戰爭（三十年戰爭）。

這個時期的法國，因為長年戰爭導致財政困境更加深陷谷底，只能再三增稅來克服困境。但是，馬薩林卻打算再次以敕令的形式宣布增稅。而擁有審查法令權限的高等法院，為了避免加重農民的負擔而否決這項法令。既然如此，馬薩林便宣布擁有官位者一律停薪四年。想當然爾，此舉引起高等法院及其他中央政院的官員（穿袍貴族等人）抗議，反而要求廢除直屬國王的總督並減稅。

一六四八年，馬薩林強勢逮捕反對官員的中心人物布盧賽爾（Pierre Broussel），試圖解決問題。結果反對增稅的巴黎市民群起暴動，在街頭推起了搬運車、木桶、石塊準備作戰，情勢一觸即發。順便一提，法語中的大木桶稱作barrique，「路障」（barricade）一詞的詞源，就是來自當時使用的這些木桶。

剛好就在這場暴動發生的一六四八年，天主教勢力和新教勢力簽訂了《西發里亞和約》，三十年戰爭終於落幕。神聖羅馬帝國分裂成許多領邦國家，失去原有的勢力，而法國則獲得亞爾薩斯大部分的地區，國界往東大幅擴張。雖然東方的隱憂消失了，但西南方的西班牙仍然對法國構成威脅。

《西發里亞和約》簽訂後，以路易十四為首的宮中要員離開暴動的巴黎到郊區避難，派從戰場歸國的士兵包圍巴黎。

失去補給管道的暴動者，只撐了三個月便屈服。這場從一六四八年到一六四九年的暴動，後來稱作「高等法院投石黨之亂」。然而，貴族和市民對於政府的怒氣並沒有因暴動落幕而平息。

暴動鎮壓一年後的一六五〇年，與馬薩林對立的孔代親王（Maison de Condé）被捕入獄。孔代親王是擁有波旁家族王室血統的親王貴族，在先前的暴動中曾領導軍隊包圍巴黎。

孔代親王的姊姊得知消息後，便煽動各地貴族起義，貴族、高等法院的官員和巴黎市民也紛紛響應，發起全國規模的暴動。就連在三十年戰爭中立功的蒂雷納子爵也支持暴動分子，加斯東亦拒絕出席國王委員會、公然宣稱反對馬薩林。窮途末路的政府只好釋放孔代親王。之後，馬薩林不得不兩度流亡外國，重振態勢。

雖然同為叛亂勢力，但貴族與市民的目的與訴求

當時的日本

江戶時代初期，幕府為了鞏固權力，沒收或削減許多大名領地，許多武士成為階下囚。1651 年，兵學者由井正雪等人策劃率領這群囚犯在江戶起義（慶安之變）。這場動亂立刻遭到鎮壓，此後幕府的統治方針也從武斷政治轉向文治。

不一，無法發展成足以推翻政權的暴動，再加上蒂雷納子爵倒戈回歸政府陣營，暴動得以逐漸平息。一六五二年，路易十四等政府要員回到巴黎，翌年召回流亡的馬薩林，這場「貴族投石黨」不久後便結束。高等法院投石黨和貴族投石黨引發的暴動，則合稱為「投石黨動亂」。

路易十四後來之所以離開巴黎，選擇在郊外的凡爾賽建造宮殿（凡爾賽宮），就是因為在投石黨動亂之際，民眾擅自闖入當時還年幼的路易十四的房間，讓他留下了心理陰影。

同一時間，英格蘭王國發生了清教徒革命，推翻王權，臨時成立共和政權，政治體制處於混沌之中。而法國經歷了投石黨動亂，反而強化了王權，在路易十四的統治下逐漸形成中央集權制。

國王開始親政

法西戰爭始於三十年戰爭期間的一六三五年，一直延續至三十年戰爭結束後，直到一六五九年雙方簽訂《庇里牛斯條約》，才正式宣告法國的勝利。法國根據這份條約，得到西班牙到法國北部的阿圖瓦、南部的呂雄，確定了兩國在庇里牛斯山峰的國界。

而這份條約簽署的條件，是西班牙公主瑪麗－泰蕾莎（Marie-Thérèse）必須嫁作路易十四的王后。這是馬薩林一手策劃的政治聯姻。當時的西班牙沒有可繼承王位的男性，女性又有王位繼承權，所以馬薩林的算計是如果瑪麗－泰蕾莎繼承王位，西班牙就可以併入法國的版圖。不過，擔心領地遭到併吞的西班牙提出的婚約條件，是瑪麗－泰蕾莎必須放棄王位繼承權，因此法國只好接受條件，代價是西班牙要支付一筆嫁妝。

就在路易十四和瑪麗－泰蕾莎完婚的翌年，一六六一年馬薩林去世。這一年已經是二十二歲青年的路易十四便廢除了首席大臣的職位，他召來財政大臣富凱（Nicolas Fouquet）、陸軍大臣勒泰利埃（François Michel le Tellier）、外交官

（後來的外交大臣）利奧納（Hugues de Lionne）一同改組國王委員會，由路易十四本人親自擔任最高國王委員會的統領，且進入最高國王委員會的三人都是穿袍貴族。路易十四認為親戚和大貴族會妨礙他主導政治決策，因此將他們排除在委員會之外。於是，一手掌握行政權、外交權與統帥權的路易十四開始親政。

路易十四親政就是大家所熟知的「絕對王權」政體，權力集中於掌握國家主權的國王手中。由國王派遣地方長官（總督）負責管轄和治理各地，正是構成絕對王權的一大因素。但是，諸侯依然存在，所以就變成了中央－地方的雙重統治架構。即便是路易十四，也無法輕易改變傳統的統治架構，而且各地徵收的稅率也是取決於諸侯的共識。換言之，路易十四其實並沒有像絕對主義王權一詞所呈現的印象那般擁有絕對至高的權力。

路易十四實施強權政治的合法性，其中一個根據就是「君權神授說」。這是絕對王權時期的國王主張自己的正統性時普遍會利用的政治理念，意指國王的權柄是神賜予的神聖力量，任何人都不得忤逆國王。

路易十四最為人熟知的名言是「朕即國家」，但事實上，歷史學家無法證明這句話是否真為他所言，只是恰巧足以充分表現出路易十四的政治作風罷了。

歐陸最強的軍事力量

當時的法國只會在戰爭發生時召集軍隊，各地貴族會響應召國王的集令，集結兵員趕赴戰場。但這樣的指揮系統不僅不清楚，而且在遇到投石黨動亂這類暴動時，貴族也會依自己的立場任意動用軍隊。因此，法國在勒泰利埃父子的主導下改革軍制。

第一步是確立指揮系統，因此要增加國王直接任命的士官人數。接著導入「民兵制」，也就是徵召各個教區（村落）並規定相應的民兵人數，進而組織為士兵，也是日後徵兵制的先驅。

十五世紀末，法國國王可以動員的兵力大約是四萬~四萬五千人左右，軍制改

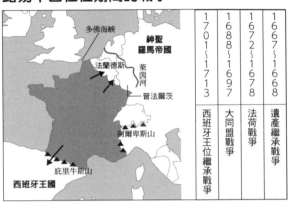

路易十四在位期間的戰爭

1667~1668	遺產繼承戰爭
1672~1678	法荷戰爭
1688~1697	大同盟戰爭
1701~1713	西班牙王位繼承戰爭

革後可動員的兵力增長為四十萬人，據說在十八世紀初甚至曾一度高達六十萬人。因此法軍堪稱是歐洲大陸最強的軍隊。不過，國王動員的士兵當中包含許多傭兵，這也造成軍事經費大幅膨脹，導致財政緊迫。

有一個說法認為，路易十四在位期間之所以能與各國作戰周旋，憑藉的正是強大的軍事力量和「天然疆界」。所謂的天然疆界，是指將國界沿著山脈、河川等自然地形而設。在此思維之下，路易十四理想中的法國版圖應當南至庇里牛斯山，北至多佛海峽，東南至阿爾卑斯山，東北至萊茵河。

西元一六六五年，西班牙國王腓力四世（Felipe IV）去世後，路易十四以妻子瑪麗－泰蕾莎王后是腓力四世的女兒為由，主張自己得以繼承並領有當時是西班牙領土的南部低地國。這個繼承權主張，導致路易十四與尼德蘭七省聯合共和國（現在的荷蘭）於一六六七年開戰（遺產繼承戰爭）。

可是，路易十四在這場戰爭僅取得一小塊領土，於是在一六七二年再度向荷蘭宣戰（法荷戰爭），但這場戰爭依然沒能讓他取得荷蘭的領土。

重商主義抬頭

雖然路易十四開始親政，卻很厭惡對國家財政擁有極大權限、逐漸壯大的富凱。此時富凱的部下柯爾貝（Jean-Baptiste Colbert），向路易十四提出富凱貪污的證據，路易十四隨即下令逮捕富凱。

柯爾貝接替下野的富凱，擔任財務總管，著手重建國家財政。他為了保護和扶植國內產業，對進口商品提高關稅，將外國產品排拒在市場之外。另外他也設立國營工廠，大量生產毛織品、絲織品、蕾絲、毛毯、玻璃製品出口到國外。

他也著眼於海外殖民地的經營，派人開發北美大陸密西西比河流域。這片殖民地便引用路易十四之名，命名為「路易斯安那」。另外，這段時期法國也開始朝印度次大陸和非洲大陸發展。

這種注重商業的政策，就稱作「重商主義」，因為是由柯爾貝一手推動，所以又稱作「柯爾貝主義」（Colbertisme）。

流傳後世的宮廷文化

除了財政改革外，柯爾貝也相當重視文化的價值，他大力支持黎希留生前為了將典雅的法語鞏固為官方語言而設立的學術機構「法蘭西學術院」。時至今日，法蘭西學術院依然以編纂法語詞典為使命，在一六九四年，法蘭西學院即編成第一部詞典並獻給了路易十四。

一六六六年，在柯爾貝的提議下，皇家科學院成立；一六四八年創立的藝術（繪畫、雕刻）學院，也在柯爾貝的帶領下於一六六三年改革，一六六九年新設音樂學院。以這些學院為代表的學問和藝術國家機構，至今依然是法國重要的學術組織。

路易十四本身的藝術造詣也非常深厚，據說他因為自號「太陽王」，還曾經親自在芭蕾舞劇中演出太陽神阿波羅。

而路易十四在位期間建造的建築，就屬凡爾賽宮最為雄偉。凡爾賽宮原先只是巴黎郊外凡爾賽的一座外出打獵用的小行宮，四周遍布森林和沼澤。路易十四為了大興土木以便生活，特地從遠方引水，還動員當時一流的建築師和藝術家打造宮殿和庭園，最終完成了這座壯麗的建築。凡爾賽宮從一六六一年動工，並於一六八二年將宮廷遷移至此。

國王會在凡爾賽宮中起居，也特別將宮殿內的房間賜予自己欣賞的貴族，讓他們同行散步、同桌用餐。而用餐和國王接見都有嚴格的禮儀規範，貴族都必須遵守。這些宮廷文化也影響後來的法國菜和餐桌禮儀。

由於凡爾賽宮的周邊吸引想討國王歡心藉此獲得特權的貴族群居，因此慢慢也就形成城鎮。路易十四會運用靈活的手腕，讓各個貴族彼此競爭，控制他們的野心和晉升的欲望，藉此提防他們作亂反叛。

路易十四對文化政策不遺餘力，也是一種為了讓民眾親眼目睹自己的威望、提升國王形象的宣傳（Propagande），例如他會安排畫家描繪自己的肖像畫，或是鑄造禮讚國王的金屬幣等。

此外，巴黎市容的整頓也是一種政治宣傳手法。路易十四即位時，當時的巴黎還是保留中世紀市容的古老城鎮，他下令設置路燈、拓寬道路、栽種行道樹。他判斷巴黎應該不會再遭到軍事攻擊，便拆除了塞納河右岸（北側）的城牆，在原址鋪設寬三十七公尺的大馬路，城門原本的位置則是建造了紀念戰爭勝利的凱旋門，這就是現在我們所見的聖丹尼門和聖馬丁門。

除此之外，在剛落成的征服者廣場（現在的芳登廣場）上，還豎立起路易十四的巨大雕像。

波旁王朝的衰落

然而，路易十四統治下的法國財政，並沒有富裕到足以和周邊各國多次交戰，除了龐大的軍事支出，經費幾乎都花在凡爾賽宮的建造與奢華的宮廷生活，還得向國內的金融業者貸款。可是路易十四卻選擇下策解決這個狀況。一六八五年，路易十四廢除了放寬信仰自由的《南特詔書》，頒布《楓丹白露敕令》，禁止國內的新教信仰。

這道敕令頒布的背景，在於路易十四認為統一信仰天主教才方便統整國家，如此或許也能向經濟富足的荷蘭和英格蘭展現出足以抗衡的強硬姿態。但實際上，新教國家英格蘭與荷蘭相當親近，兩國更建立起合作關係，這個國際動向正逐漸蘊釀著英國史上的光榮革命。也就是說，要對抗這個局面，法國對國內外都必須強調自己是天主教國家的立場，因此才會決定頒布《楓丹白露敕令》。

可是敕令頒布的結果，卻導致法國境內大批胡格諾新教徒紛紛逃往英格蘭、荷蘭這些新教國家或是包容新教的國家，人數據說多達二十萬人。認為勤奮工作、儲蓄是榮耀上帝美德的新教徒大多是工商業者，這也進一步導致勞力、技術和資產逐漸流向國外，使法國經濟大受打擊。不僅如此，新的戰事仍不斷發生。

一六八三年柯爾貝去世後，路易十四任用前陸軍

當時的日本

1685年，日本在江戶幕府第五代將軍德川綱吉的命令下，頒布第一道《生類憐憫令》。之所以稱「第一道」，是因為綱吉在這之後又多次頒布相同的法令。該法令的目的不只是保護犬類，就連棄兒、魚、鳥等生物都必須加以珍重。

大臣勒泰利埃的兒子法蘭索瓦，對外國發動戰爭。

一六八五年，神聖羅馬帝國的普法爾茨選帝侯卡爾二世（Karl II）沒有生下子嗣即去世，路易十四以自己的弟弟和卡爾二世之妹結婚為由，主張自己擁有繼承權。但卻面臨英格蘭、神聖羅馬帝國、低地國、西班牙、瑞典等警戒法國勢力擴張的國家組成同盟，合力對抗法國，最終於一六八八年發展成戰事（大同盟戰爭，或譯作普法爾茨繼承戰爭）。

起初法國還占有優勢，但隨著英法兩國在北美爆發戰爭（威廉王之戰），法國在戰場上便逐漸趨於劣勢。一六九七年，戰爭結束，但法國卻必須歸還在戰爭中占領的土地。

一七〇〇年，哈布斯堡家族出身的西班牙國王卡洛斯二世（Carlos II）去世，他沒有後代，但在遺囑中指名由路易十四的孫子、安茹公爵菲利普繼位，因為菲利普的祖母瑪麗－泰蕾莎是卡洛斯二世同父異母的姊姊。不過，他若要繼承西班牙王位，就必須放棄法國的王位繼承權。

西元一七〇一年，菲利普以腓力五世（Felipe V）之名成為西班牙國王，波旁家族出身的西班牙國王就此問世。於是，在卡洛斯二世生前即推舉近親繼承西班牙王位的神聖羅馬皇帝利奧波德一世（Leopold I）因此和法國斷交。這時，英國和荷蘭抗議西班牙此舉是為了在法國打開貿易的方便之門，加上腓力五世並沒有宣布放棄法國的王位繼承權，因此神聖羅馬帝國、荷蘭、英格蘭結為同盟，向法國宣戰。這就是西班牙王位繼承戰爭。

這場戰爭持續了十年以上，英國和法國甚至在遙遠的北美大陸殖民地發生殖民地戰爭。情勢不利的法國，為了讓各國承認腓力五世的西班牙國王合法地位，最終於一七一三年簽訂《烏得勒支和約》，答應未來絕不會讓法國和西班牙的波旁家族合併，這場戰爭才終於落幕。

以「外交革命」來抵抗

西元一七一五年，路易十四以七十六歲的高齡去世，他的一生中有將近七十年的歲月是以國王身分君臨法國，膝下許多兒孫早已先他一步而去，最終是由路易十四的曾孫、年僅五歲的安茹公爵繼位，是為路易十五（Louis XV）。而代替年幼的路易十五攝政的人選，是路易十四的姪子，也就是奧爾良公爵菲利普二世（Philippe d'Orléans）。

當菲利普二世去世之後，路易十五任用自己的家庭教師弗勒里（André-Hercule de Fleury）親政。不同於路易十四，路易十五對政治漠不關心，儘管他在弗勒里死後開始親自掌政，但卻任由情婦龐巴度侯爵夫人（Madame de Pompadour）干政，導致政局混亂。

外交政策方面，路易十五大幅改變了方針，史稱「外交革命」。當時的法國不只在奧地利王位繼承戰爭（一七四〇～一七四八年）與大不列顛王國（英國）對立，就連印度和北美的殖民地也同樣敵視英國。這段時期，法國與長年的宿敵、主掌神聖羅馬帝國的有力領邦奧地利大公國的哈布斯堡家結盟。

在後續發生的七年戰爭（一七五六～一七六三年），法國也敗給英國。根據兩國戰後簽訂的《巴黎條約》，法國在北美大陸和印度次大陸的殖民地，最終幾乎都拱手讓給英國。這時的英國已經經歷光榮革命，國內的混亂早已平息，正在逐步重振國力，對法國形成的威脅也愈來愈大。從十七世紀末開始，英法兩國的紛爭一直持續到一八一五年，所以又稱作「第二次英法百年戰爭」。第一次百年戰爭如前面章節所述，是一三三九年到一四五三年發生在法蘭西和英格蘭（英國）之間的紛爭。

敗給英國的法國和奧地利，為了更進一步加強同盟關係，決定促成路易十五的孫子路易－奧古斯特（Louis-Auguste），與哈布斯堡家族的大家長瑪麗亞・特蕾莎第十一個女兒的婚事，兩人於一七七〇年完婚。他們就是日後的國王路易十六（Louis XVI）和王后瑪麗・安東妮（Marie-Antoinette）。

耐人尋味的法國偉人⑤

法國誕生的近代哲學之父

笛卡爾

René Descartes

（1596～1650）

懷疑是通往真理的唯一道路

大家應該都聽過「我思故我在」這句話吧？這是法國知名哲學家笛卡爾懷疑一切事物和現象，辯證到最後所得出的答案。這種思維方法稱作「懷疑方法」，是透過一連串的質疑來找出真理的方法論。

笛卡爾出生於穿袍貴族（Noblesse de robe）家庭，進入名門學院學習哲學，畢業後於大學攻讀法學和醫學。他從軍退伍後，試圖尋找書本上無法學到的知識，在歐洲各地遊歷近十年。當他落腳荷蘭後，開始了長達20年的寫作生涯，代表著作《談談方法》、《沉思集》都是在這個階段寫成。

之後，笛卡爾應瑞典女王之邀前往瑞典，可是就在抵達瑞典四個月後，便染上重感冒而去世。

我們在數學課堂上所學的「座標」，就是來自同樣身為數學家的笛卡爾所發明。

chapter 6

從革命走向帝國

從不說「不」的國王

路易十五因病於一七七四年去世，由於他的兒子早他一步離世，所以下一任國王是由遞補成為王儲的路易－奧古斯特，以路易十六（Louis XVI）之名即位。

路易十六原本有兩個哥哥，所以在祖父路易十五的時代幾乎沒有機會學到真正的帝王學，因此他鮮少親自下施政決策，總是二話不說同意周遭人士的意見，從來不會對人說「不」。而這樣的態度也招致了日後的法國大革命。

我們多半都以為路易十六是導致王權瓦解的罪魁禍首，對他評價甚低，以為路易十六就如同漫畫《凡爾賽玫瑰》所描寫的一般個性溫吞，優柔寡斷，外貌其貌不揚且又矮又胖。不過根據多方研究，路易十六其實身材瘦削，愛好閱讀，通曉多國語言，對科學領域也頗有鑽研，與大眾普遍印象截然不同。

路易十六即位時，法國財政已瀕臨破產。大家或許以為路易十六和王后瑪麗・安東妮就是導致國家破產的元兇，但這場財政危機的主因其實是路易十四和路易十五在位期間連年對外戰爭的花費，路易十六只是必須收拾殘局而已。

路易十六試圖解決現狀，啟用啟蒙思想家兼經濟學家杜閣（Anne Robert Jacques Turgot）擔任財務大臣。杜閣宣布以「沒有破產，沒有增加稅收，沒有借貸」為原則，推行財政改革。具體而言，就是廢除象徵傳統封建制度的特權和老舊組織，開放既有的社會體制來活化經濟；另外也不再提高平民（第三階級）的稅額，並考慮向幾乎免稅的特權階級（第一階級的神職人員與第二階級的貴族）課稅。

可是，這些改革措施卻遭到特權階級的貴族強烈反對，加上當時剛好遇上小麥歉收，杜閣又宣布開放小麥自由定價，導致小麥價格暴漲

波旁家族的家譜②

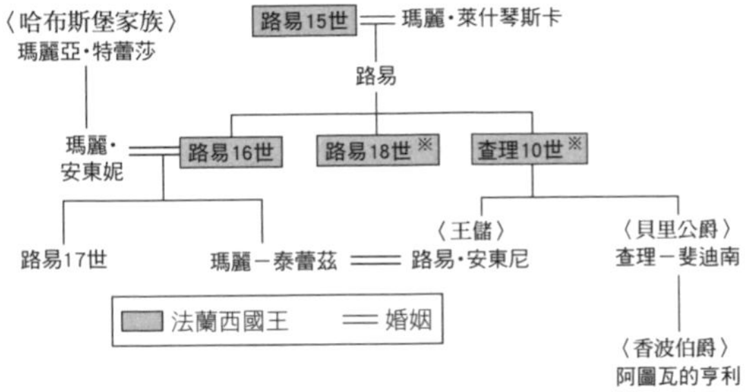

有※記號的國王，為法國大革命後王權復辟時期的國王。

而引起民眾發起暴動。由於杜閣的政策遭到多方批判，加上他仍有貴族的政治工作，最終只能黯然下台。

干預北美洲的戰爭

西元一七七六年，來自大不列顛王國（英國）位於北美大陸十三個殖民地的駐法代表班傑明・富蘭克林（Benjamin Franklin），請求法國支援北美十三州與英國從前一年開始的戰爭（美國獨立戰爭）。

法國認為這是削弱英國勢力的好機會，更能藉此奪回十八世紀失去的殖民地，便決定鉅額資助北美十三州。在優勢傾向北美十三殖民地陣營的一七七八年，法國派遣軍隊參與獨立戰爭，為十三殖民地的勝利助了一臂之力。一七八三年，雙方簽訂《巴黎條約》，英國正式承認十三殖民地（美利堅）獨立。

一七八七年制定的《美利堅合眾國憲法》，是全球首度列入法國啟蒙思想家孟德斯鳩（Montesquieu）在其著作《論法的精神》提倡的「三權分立」的憲法。

睽違已久的三級會議

法國因美國獨立戰爭而勉強負擔鉅款，導致國內財政更加吃緊，可是貴族依然滿腦子只顧著自己的特權。貴族透過王后瑪麗・安東妮操控路易十六，讓企圖改革的財政大臣一個個都遭到開除。

然而，不管開除了多少人，每一個新上任的財政大臣都試圖向特權階級課稅。因此特權階級的議員便宣稱，如果三級會議通過法案，他們就願意納稅。三級會議雖然是涵蓋第三階級平民的議會，但決議的架構仍是依身分等級為準，對特權階級有利，所以他們認定三級會議「不可能」通過改革法案。於是在一七八九年五月五日，法國再度召開睽違一百七十四年之久的三級會議。

事情果然不出所料，與會者針對是否採取有利特權階級的決議方式而爭辯不休，造成議會空轉。六月十七日，忍無可忍的第三階級代表議員西耶斯神父（Abbé Sieyès）等人逕自行動，宣布成立「國民議會」。當第二階級的貴族發現有第一階級（神職人員代表）人士加入國民議會，便勸諫路易十六關閉國民議會作為議場的公會堂。六月二十日，路易十六下令封鎖公會堂，但國民議會轉而在旁邊的室內網球場集會，宣誓在憲法制定前絕不解散。史稱「網球廳宣誓」。

緊接著，愈來愈多第一和第二階級人士加入國民議會，迫使國王不得不承認國民議會的正當性，並促使其他代表加入國民議會。

七月九日，國民議會正式改名為「國民制憲議會」，三級會議就此解散。

攻陷巴士底

因國民議會成立而心急如焚的部分保守派貴族，向路易十六諫言必須在巴黎集結軍隊，而路易十六又輕易接受建議，下令派軍隊進駐巴黎。

國民議會原以為終於受到國王承認，想不到轉眼間軍隊就進駐巴黎，導致局面一片混亂。財務總監賈克・尼克（Jacques Necker）眼見事態嚴重，便要求路易十六撤軍，但貴族卻以情勢破局是尼克的責任為由，逼迫路易十六解雇尼克。

尼克的出身為第三階級，因為提案向特權階級課稅、要求國王一家生活節儉而受到民眾擁戴，如今他遭到開除的消息傳開，市民群起激憤。巴黎市民得知軍隊即將進駐巴黎，便四處搶劫市內的武器商店，準備武裝防禦軍隊攻擊。一七八九年七月十二日，一個名叫德穆蘭（Desmoulins）的男子，對聚集在巴黎皇家宮殿的群眾發表慷慨激昂的演說，巴黎市民也響應他的呼籲，紛紛高喊：「拿起武器！」並集結前往儲備武器的榮譽軍人院（收容傷殘士兵的設施）。

七月十四日，市民從榮軍院搶來槍枝和大砲等武器，才發現沒有彈藥，於是又前往儲備彈藥的巴士底。當時的巴士底是作為監獄使用，不過它原是一座要塞堡壘。巴士底的法語 Bastille 原意就是「堡壘」，不過後來演變為高壓統治的象徵。

市民攻陷巴士底的七月十四日，現在已成為法蘭西共和國的國慶日，也是法國最重要的國定假日。

市民攻陷巴士底後，接著轉往巴黎市政廳，打算殺害市長。他們選出前國民議會的議長巴伊（Jean Sylvain Bailly）擔任新市長，在巴黎組成的自衛民兵軍（國民衛兵）司令官則是由拉法葉侯爵（Marquis de La Fayette）擔任，徹底掌握市政。

路易十六得知襲擊的消息後，聽取近臣的建議，

下令撤除巴黎的駐軍，並且恢復尼克的財務總監職務。不僅如此，他還離開凡爾賽宮親自前往巴黎。路易十六於七月十七日抵達巴黎後，巴伊特地前往迎接，擁護路易十六的市民蜂擁上前，歡迎國王駕到。路易十六一路被簇擁著進入市政廳，當眾宣布巴伊為市長、拉法葉侯爵為司令官的合法性，並認可民兵軍即是國民衛兵。

從市民掌握市政、歡迎路易十六造訪巴黎一事，可以看出在這個時候，市民的心中絲毫沒有推翻王權的念頭。

民主主義的起點

巴士底淪陷的消息傳遍全法國後，有力貴族紛紛流亡國外。地方農民對於巴黎市民戰勝長久以來打壓自己的貴族，一方面感到高興，另一方面卻也擔心貴族可能會報復。最後，農民決定在被貴族打倒前先採取行動，他們企圖搶走證明貴族有土地管轄權的證據，紛紛拿起武器進攻貴族宅邸，逐漸演變成暴動。

國民議會眼見事態愈演愈烈後十分緊張，連忙制定鎮壓農民暴動的政策，那就是「廢除封建制度」，並且宣言將廢除封建貴族的土地管轄權和繳納給教會的稅金。雖然宣言規定只要能夠預付約二十至二十五年分的年貢就能獲得土地所有權，但鮮少有農民富裕到能夠負擔如此鉅款，對一般農民而言依然是相當苛刻的規定。雖然國民議會是在第三階級的支持下才成立，可是實質領導者卻是資產階級和特權階級，所以才會產生如此不利農民的條文。

一七八九年八月二十六日，國民議會又接著頒布了《人權宣言》（人權和公民權宣言）。從第一條「人人生而自由平等」開始，羅列了主權在民（國民主權）、權力分立（三權分立）和私有財產權的不可侵犯等等內容，總共由十七項條文組成，明確否決了支撐封建體制的君權神授說。

這份《人權宣言》，參考了盧梭（Jean-Jacques Rousseau）等啟蒙思想家的主張，以及早一步將這些思想化為形式的英國君主立憲制和《美國獨立宣言》，可說是當時的啟蒙人士集思廣益的思想結晶。不過，《人權宣言》的內容終歸只是闡述應當實踐的原則，並沒有規定該如何將宣言的內容反映在國家體制上。

不過，《人權宣言》宣揚的內容，卻成為現在民主的思想根基，包括日本憲法在內，對後世全球各國的憲法影響深遠。

「給我麵包！」大遊行

國民議會頒布的兩份宣言，如果沒有國王的認可就不具有實質的效力，偏偏最關鍵的路易十六卻絲毫沒有表現出同意的態度。此時，有個近衛兵當著

當時的日本

松平定信開始實施寬政改革的1787年，首度有西歐人通過現在的北海道稚內市宗谷岬和庫頁島之間的宗谷海峽，這支隊伍即是法國海軍軍官拉彼魯茲（Lapérouse）率領的艦隊。因此宗谷海峽在國際上又被稱作拉彼魯茲海峽。

國王的面踐踏結合市民與國王象徵的三色旗。這件事傳到巴黎後，市民紛紛怒斥「原來國王根本就不承認革命！」令巴黎市民火冒三丈的原因，不只是路易十六不承認宣言的效力，也與農田多年歉收，導致巴黎的糧食嚴重短缺有關。

一七八九年十月五日的早上，巴黎市政廳前聚集了六千～七千名婦女，隨著不知由誰起頭的「給我麵包！」作為口號，遊行隊伍開始朝凡爾賽宮的方向前進，隊伍後方則跟著國民衛兵。

抵達凡爾賽宮的群眾，開始朝著皇宮怒吼：「國王回巴黎！」路易十六非常害怕，只好允諾將會承認國民議會頒布的兩份宣言。據說當這場騷動發生時，王后瑪麗・安東妮曾經說過：「沒有麵包的話，他們為什麼不吃蛋糕（甜點）呢？」然而實際上，並沒有文獻紀錄可以證明王后說過這句話，因此推測有可能是出自別人之口。

這場「凡爾賽遊行」，隨著議會和國王一家遷回巴黎、住進杜樂麗宮而落幕。從此以後，路易十六和瑪麗・安東妮再也不曾回到凡爾賽。

國王是叛徒

移居巴黎的路易十六承認國民議會的宣言，制憲工作如火如荼地進行，相關法律也正逐步訂立。過去每個領邦各自為政的法律和稅率得以統一，舊有的省也將重新規劃（相當於日本的廢藩置縣）。此外，為了償還國債而沒收國教天主教會的資產，並以這筆資產為本發行公債（指券）等等，實施了多項改革。

在國民議會推行改革的背後，國王一家則在祕密進行某個計畫，他們打算離開法國、逃向瑪麗・安東妮的母國奧地利大公國，計劃取得國王軍和奧地利軍的援助以便對抗革命勢力。由於瑪麗・安東妮被迫從凡爾賽移居巴黎，內心對未來事態十分擔憂，所以她才主導了這個計畫。

一七九一年六月二十日，王室開始實行計畫，但沿途卻遇上重重阻礙，由於他們搭乘的大型豪華馬車引起外地居民的注意而上前盤問，身分曝光的國王一家只好回到巴黎。此次失敗的出逃行動，在後來便以王室被攔截的地點為名，稱為

「瓦雷訥出逃」。不僅如此，王宮內還發現了國王與外國私通的證據，導致路易十六被視為「拋棄國民的叛徒」，王室的信用徹底掃地。

法國第一部憲法

就在瓦雷訥出逃事件發生後，國內輿論開始傾向廢除王權、實行共和政體，但保皇派堅持「國王可能是遭人拐騙才會出逃」，說服眾人暫且維持王權。不過，瓦雷訥出逃事件卻意外凸顯了國民議會中對王權的存續出現歧異。一七八九年，由多數議員組成的「雅各賓俱樂部」，也因為對瓦雷訥出逃事件的態度不一而分裂。

主張「維持王權，建立君主立憲制國家」的成員脫離雅各賓俱樂部，另外組成「斐揚俱樂部」（斐揚派）。斐揚派認為絕對不能和期望廢除王權、追求共和政體的「吉倫特派」，以及與吉倫特派對立的「雅各賓派」中思想更激進的「山嶽派」同流合汙。

革命政府的變遷

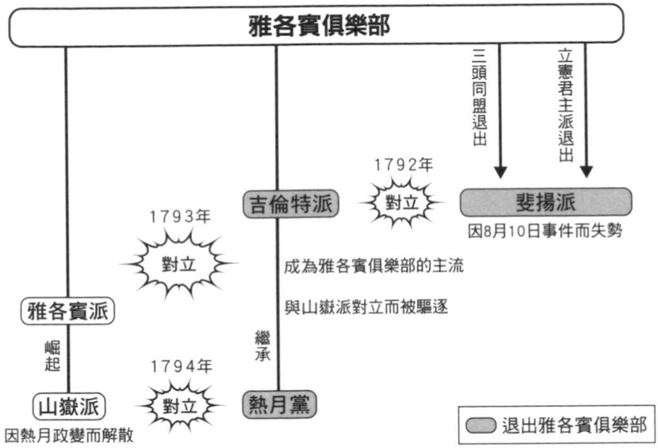

順便一提，現今常使用的「右翼」和「左翼」說法，便是起源於此。從議會主席台所見，議場右側坐著保守派（吉倫特派），左側則坐著激進派。由於激進派都會占據議席中最高處的位置，才因此稱作「山嶽派」。

一七九一年九月三日，在斐揚派的主導下，頒布了法國史上最早的《一七九一年憲法》，並通過路易十六的認可。憲法導言就是稍早的《人權宣言》，條列出君主立憲制和設立一院制議會等內容，路易十六的身分從「法蘭西國王」變成「法蘭西人的國王」。國民議會解散，經過議員選舉後，於十月一日召開「立法議會」。

此時已經來到一七九〇年代初期，所以大革命以前的體制，一般稱作「舊制度」（Ancien Régime）。

第一共和開始

法國成立立憲君主政體，周邊國家唯恐法國的革命的餘波影響國內。其中，瑪麗・安東妮的哥哥、同時也是神聖羅馬皇帝利奧波德二世（Leopold II），與意見一致的普魯士國王聯手，保護可能遭到革命勢力危害的法國國王一家，表態要求法國恢復國王親政。

吉倫特派認為不可屈服於外國威脅，主張開戰；但掌握政權的斐揚派擔心戰爭失敗會導致好不容易建立的君主立憲制瓦解，於是堅守慎重的態度。吉倫特派認為這是鬥垮斐揚派的大好機會，便在議會上強迫路易十六答應與奧地利開戰。

一七九二年三月，路易十六下令吉倫特派組閣，四月議會表決向奧地利開戰，就此開啟法國與奧地利的戰爭，後續更進一步發展成「法國大革命戰爭」。其實路易十六當時的想法是，如果開戰了，革命軍肯定會輸，這樣奧地利就會幫忙恢復法國的王權。

戰爭開打後，拉法葉率領的法軍對上奧地利、普魯士，以及流亡國外的法國貴族軍人聯軍，卻是連戰連敗。戰敗的原因除了準備不足，還有在革命時期，絕大多數的士官貴族不是辭退職務就是流亡外國，革命政府召集組成的軍隊只不過是一群東拼西湊的烏合之眾罷了。

一七九二年七月，產生強烈危機意識的吉倫特派發出緊急事態宣言，向全國招募義勇兵（聯盟兵）。就在此時，奧地利－普魯士同盟的軍隊司令官在七月宣稱「倘若革命軍意圖加害王室，巴黎必成廢墟」。這份宣言傳到巴黎，令巴黎市民大為憤怒，再加上人民心中早已先入為主認定「法國連敗是因為國王串通外國」，於是在八月十日，市民與聯盟兵蜂擁進攻杜樂麗宮，挾持路易十六及王室一家，將他們關進聖殿塔。憤怒的市民決定結束王權，解散先前的立法議會，改透過男性普選組成新的「國民公會」來起草新憲法。這一連串的事件就稱作「八月十日革命」（八月十日事件）。

九月，國民公會召開，正式宣布廢除王權，實施共和體制，自九八七年卡佩王朝成立以來，延續八百年的王權就此終結。在這場革命中成立的共和政體，後來就稱作「第一共和」。

路易十六的末路

國民公會針對關押在聖殿塔裡的路易十六後續處置問題，舉行了公開的審理和投票。結果因為國王串通外國的證據確鑿，被判有罪，決定處以死刑。雅各賓派主張應立即處決，吉倫特派卻認為應先暫緩刑罰，雙方意見分歧，只好現場投票表決，結果贊成即刻行刑的有三百八十票、贊成緩刑的有三百一十票，路易十六的命運就這麼被決定了。

據說，路易十六在確定處死時絲毫不為所動，神情泰然。他站在作為刑場的革命廣場（現在的協和廣場）的斷頭台前，向群眾說道：「我將無辜死去，我沒有任何應受的譴責，但願我的血會對法蘭西人有益……。」語畢，隨即被斬首示眾。路易十六的一生就在一七九三年一月二十一日這一天走到盡頭。

雖然路易十六最終被處死，但民眾並不是為了處死國王才革命，他們的目的明顯是為了建立君主立憲制的國家。如果路易十六能夠回應人民的期許，或許法國依然能延續一個君主立憲制的國家了吧。

路易十六和瑪麗・安東妮育有兩個男孩。長男早夭，因此是由次男路易－夏爾（Louis-Charles）成為王儲。路易十六處決後，儘管流亡國外的保皇派貴族宣布路易－夏爾為法國的新任國王路易十七（Louis XVII），但路易十七依然幽禁在聖殿塔裡，生活環境非常惡劣，最終於一七九五年、年僅十歲即死去。

保守派與激進派的對峙

法國不只廢除王權，連國王都處死，這個消息令周邊各國大為震驚。一七九三年，見證這場革命歷史的英國決定出兵介入法國內政，與奧地利、普魯士組成同盟（第一次反法同盟）。

對此，法國政府決定增強兵力，除了原有的聯盟兵以外，還徵召農村人士入伍。但農村卻反對徵兵，他們認為徵兵不僅會搶走寶貴的勞動力，革命政府也無法解釋為何只憑一己之私就要牽連不相干的民眾。這些市民在巴黎發動革命、廢除封建特權，也沒有為農村謀求任何福利。這些來自農村的反抗運動，後續也發展為一七九三年的「旺代戰爭」。

如今，法國四面楚歌，內有農民暴動，國庫依然破產，而執政的吉倫特派卻仍期待情勢會好轉，換言之就只是靜觀其變。相較之下，議會（國民公會）則是以雅各賓派的有力議員丹東（Georges Jacques Danton）為領袖，設立救國委員會。議會原本只需要討論決策，現在除了對外戰爭，還需要因應國內的反革命力量和種種瞬息萬變的情勢，必須建立一個擁有絕對權限的獨裁組織。

此時，敗給奧地利軍的吉倫特派軍官因為投敵叛國，導致吉倫特派的信譽跌落谷底，在巴黎市民和民眾的壓力下，吉倫特派的成員於一七九三年六月遭到流放，取而代之掌權的是雅各賓派。七月，由山嶽派的羅伯斯比（Maximilien Robespierre）掌握主導權。

羅伯斯比是律師出身的政治家，行事無私，人人都讚美他清廉無比。可是他認為在非常時期必須採行「恐怖統治」，主張只要不是高層單方面的恐怖專政，而是基於德行（道義）的恐怖統治，就能成為推進革命的動力，所以由自己人推行的恐怖統治並無大礙——既然這是出於正義的暴力，再激烈也不為過。

這番論調正是「恐怖統治」的開端。凡是反對山嶽派和羅伯斯比的人，無論其思想信條，一律以反革命分子的名義逮捕，送上斷頭台處死。

儘管羅伯斯比推出廢除封建貴族特權、物價管制（全面限價）等政策，但都無法順利實行。他兀自認定政策效果不彰是因為反革命分子阻撓，導致恐怖統治更進一步加劇。羅伯斯比也認為基督教妨礙革命的推行，對基督教的迫害也更加嚴重。

隨著共和政體創建而持續研討的新共和曆（革命曆），否決了傳統的基督教式曆法，根據十進位設定為一個月三十天、一週十天，多餘的五天（閏年為六天）則放在一年的最後。然而這個曆法與外國差異懸殊，缺乏實用性，後來被掌握大權的拿破崙廢除。另外，這個時期訂立的公制系統（長度以公尺、質量以公克為單位的十進位度量衡系統），也逐漸廣為全世界使用。

一七九三年六月，第一共和制定《一七九三年憲法》（共和元年憲法）。由於這份憲法是由雅各賓派主導起草，所以又稱作《雅各賓憲法》。憲法開章頌揚國民主權，保障勞動和教育方面的權利、男性的普通選舉權等，與基於君主立憲制而制定的《一七九一年憲法》相比，內容更傾向民主主義。但是，這份憲法在當時國內外混亂的局勢中並沒有真正施行。

恐怖統治的主謀也處死

隨著時間推進，山嶽派所做的裁決愈來愈專斷且不分是非。如今國王去世，他們將矛頭轉向王后瑪麗・安東妮。王后的判決短短兩天出爐，代理檢察官埃貝爾（Jacques-René Hébert）冠上莫須有的罪名，確定判處死刑。於是，王后就在一七九三年十月十六日送上斷頭台。

山嶽派的恐怖統治已經全然失控，他們不問派系，陸續將丹東、奧爾良公爵、巴伊通通列為反革命分子肅清，埃貝爾最後也因為曾經策劃陰謀而送上斷頭台。

恐怖統治下的犧牲人數，包含未審判即處決的人數在內，全法國共有三萬五千到四萬人被處死。由於恐怖統治的底線太過模糊不清，導致山嶽派的支持基礎逐漸減少。支持基礎薄弱的政權當然不可能長久，於是恐怖的矛頭這次直接轉向了山嶽派本身。

一七九四年七月二十六日，革命曆熱月八日，羅伯斯比在國民公會的公開演講上提到「有些人必須整肅」，此一聲明使得擔心會遭到肅清的議員團結起來，於隔天的九日（七月二十七日）逮捕來到國民公會的羅伯斯比及其黨羽；再隔一日（七月二十八日），羅伯斯比一派的人馬絲毫沒有辯駁的機會，就被送上斷頭台處刑。這起事件就稱作「熱月政變」。

拿破崙登上歷史舞台

羅伯斯比遭到處決，山嶽派的獨裁和恐怖統治也隨之告終。由主導政變的議員組成的熱月黨經營國民公會，釋放所有無辜入獄的人們、解散救國委員會，並廢除全面限價法令。但是，從反法同盟開始，法國的處境依然沒有改變，仍然處於嚴苛的戰爭時期體制。

過去期望實行君主立憲制的斐揚派、主張處決國王的吉倫特派，以及實行恐怖統治的獨裁山嶽派，這些黨派組成的革命政府不停內鬨，終於令法國國民不再對他們心存期望。

這時，企圖恢復王權的保皇黨開始蠢蠢欲動。熱月黨認為如果保皇黨的動向是為了奪回政權，那麼自身恐怕也小命難保，因此便急著起草新憲法讓革命落幕。透過新憲法的制定，贏得國民的支持。

一七九五年八月，《一七九五年憲法》（共和三年憲法）規定，議會改成由上議院的「元老院」和下議院的「五百人院」組成，採二院制；另外為了防止專制獨裁再次萌芽，政府由五名立場對等的督政官集體領導。集體領導制或許防得了獨裁，但缺點是決策效率非常慢，也難以因應政變和緊急事態。

在督政府成立前的十月，保皇派發起武裝暴動（葡月政變）。原本預計就任為督政官的巴拉斯子爵（Paul de Barras）負責鎮壓，但他將這個重責大任交付給一位年輕軍人，這個年輕軍官就是拿破崙・波拿巴（Napoléon Bonaparte）。拿破崙奉巴拉斯之命指揮砲兵隊，轉眼間即鎮壓了巴黎市內的暴動。

裝備寒酸卻大獲全勝

拿破崙是在一七六九年出生於地中海的科西嘉島，出身自下級貴族家庭，九歲就進入兒童軍校，長大後只花了一年就從巴黎軍官學校畢業，入伍服役。

一七九三年，保皇黨在英國海軍的支援下，占領了法國南部的港都土倫，革命政府苦於應戰。當時身為砲兵隊長的拿破崙被派往前線，他親自指揮砲擊，一轉眼就奪回了城市和港口。

拿破崙成為土倫港之役的英雄，聲勢轉眼間大漲；但由於他與羅伯斯比的弟弟關係匪淺，在熱月政變後遭到關押入獄。雖然十天後即獲釋，卻不得接觸軍務、淪為預備役（軍隊的儲備人員），直到在葡月政變中得到巴拉斯重新啟用以前，一直都備受冷落。

拿破崙鎮壓暴動的功績獲得肯定。一七九六年，他以二十六歲的年紀得到督政府提拔，升任為義大利方面軍的總司令。

自一七九三年起，法國與四周鄰國為敵；到了一七九五年，法國與普魯士、西班牙和談，以壓制荷蘭。一七九六年，拿破崙率領法軍進攻義大利，這就是「拿破崙戰爭」的開始。

儘管拿破崙得到的軍隊裝備相當破爛，但他憑藉著傑出的用兵技巧，接連打敗了薩丁尼亞軍、奧地利軍，一一占領北義大利各個城市，最終逼得奧地利投降，雙方於一七九七年簽訂和約。奧地利的戰敗也導致反法同盟的成員只剩下英國和俄羅斯帝國，後來同盟更因俄羅斯退出而瓦解。

第一次遠征義大利成功，使拿破崙頓時聲名大噪。

革命結束了

凱旋回到巴黎的拿破崙受到市民的熱烈歡迎。接下來，拿破崙遠征埃及，打算占領這個當時英國通往其殖民地印度的中繼點，目的是要妨礙英國通商貿易的航道。

然而，這場遠征卻失敗了。但若單純從歷史的觀點來看，拿破崙此行最大的成就其實是發現了羅塞塔石碑（可解讀古埃及文字聖書體的石碑）。

一七九八年末，拿破崙在埃及苦戰期間，英國、奧地利和俄羅斯等國再次組成了同盟（第二次反法同盟）。法軍節節敗退，拿破崙失去了好不容易到手的萊茵河左岸和北義大利等領土。

當時的日本

歐洲的霸權之爭也影響了日本。在江戶時代也持續與日本貿易往來的荷蘭（低地國），因為卷入法國大革命戰爭而重創，所以1795～1813年進入長崎出島港口的荷蘭船舶僅僅只有幾艘而已。

翌年，拿破崙得知巴黎出現政變的先兆，便率領少數部下趕回巴黎。他趁著督政官之一西耶斯（Emmanuel-Joseph Sieyès）等人策劃的政變（霧月十八日政變），成為執政府的第一執政。執政府是由三名執政（consul）組成，第一執政擁有最大的權力，第二、第三執政則是只有顧問的權限（針對問題提供意見），其下的立法機構為元老院。記載這些政體規範的《一七九九年憲法》（共和第八憲法）頒布後，拿破崙宣布「革命已經結束」。從一七八九年一路延續的法國大革命，終於畫下了休止符。

拿破崙之所以能夠快速崛起，不只是他本身才能出眾，也因為身懷實力者都在革命過程中紛紛喪命，或是流亡國外。此時有位英雄出面收拾長達十年的混亂，也正好符合國民的期待。

另外，就在政變前的一七九八年，督政府制定了《儒爾當法》，正式通過義務徵兵制，其目的是增強對外戰爭的軍事兵力。這個徵兵制後續也經過多次修改，一直實施到二十世紀末。

與天主教會和解

拿破崙為了奪回被搶走的領土，於一八〇〇年再度遠征義大利。他在這場遠征中翻越阿爾卑斯山時，說出了最著名的名言「在我的字典裡，沒有『不可能』」。他翻越了阿爾卑斯山後又贏得戰爭，再度征服奧地利。法國在一八〇一年和奧地利、一八〇二年和英國簽訂和約，瓦解第二次反法同盟。

拿破崙此時推出了各項政策，其中最重要的就是一八〇一年，與羅馬教宗簽訂的《教務專約》。

在這段時期，法國國內也逐漸形成「世俗主義」的政教分離趨勢。拿破崙透過《教務專約》，明文承認天主教是法國境內最大的宗教，但是專約也同時保障其他新教、猶太教等各教派與其他宗教的信仰自由。此外，拿破崙也讓天主教陣營放棄在革命時期遭到沒收的教會資產，由政府向國民出售這些被沒收的資產，藉此安撫國民。

此外，專約也明訂教宗有權決定是否承認法國的主教，但主教的任命權在法國政府手上；由法國政府負擔主教的俸給（薪資），也有權更替主教。這份條約的目的，是恢復法國在革命政府迫害下所失去的政教信任關係，同時也防範保皇黨等反政府勢力與天主教掛勾。

影響後世的法典

成為第一執政、掌握獨裁大權的拿破崙，更加鞏固中央集權制。早在王權時代推行政策的貴族等特權階級，早在革命時期廢除賣官制（官職稅）和世襲制後就消失了。拿破崙逐漸確立官僚制度和公務員制度，這套制度也一直延續至現代，其中由中央政府任命在地方行政擁有莫大權力的省長制，一直沿用到一九八二年實施地方分權為止。

一八〇〇年，現在法國中央銀行的前身法蘭西銀行（一九四五年國營化）成立。拿破崙授權銀行發行紙幣，透過發行銀行券來穩定經濟。除此之外，他還整頓教育制度，廢除不方便的革命曆，恢復廢除前使用的格里曆。

一八〇二年，拿破崙創設了法國榮譽軍團勳章，專門頒發勳位給對國家有貢獻的人。這個制度現在依然存在，凡是在文化或科學領域上有重大成就者，不僅限於法蘭西國民，就連外國人也能受勳。

拿破崙實行的眾多政策當中，最嘔心瀝血的結晶就屬《拿破崙法典》。晚年的拿破崙甚至還曾經說過：「我真正的光榮不在於那四十次勝仗，而是我的法典。」它的正式名稱為《法國民法典》，制定於一八〇四年。

這部法典的內容，記載了私有財產權神聖不可侵犯、勞動自由、人身自由、法律之前人人平等、信仰自由等經由革命確立的多項權利，都會受到法律保護，也是世界第一部近代民法典，因此對世界各國的民法典造成很大的影響，日本也不例外。

然而，這些獲得認可的權利在當時全部都只適用於男性，從這一點來看，反而比宣稱人人皆有平等權利的革命理念要落伍得多。據說這是對舊制度的習俗和思維讓步而得到的結果。

與天主教和解、《拿破崙法典》中權利的讓步，全是基於過去革命政權躁進推行革命、與社會發生摩擦而自取滅亡，必須引以為鑑的權宜之計。

同一時期，拿破崙也毅然下定決心，將法國在北美大陸擁有的路易斯安那（面積約二百一十四萬平方公里），以一千五百萬美元的價格賣給美國。這個價格在當時可說是破盤的低廉。路易斯安那是自路易十四的時代以來，涵蓋密西西比河流域的廣大殖民地。拿破崙售地的原因，在於他打算作為殖民地經營的海地已獨立建國，導致原本專為海地與路易斯安那一同訂立的計畫不再可行，所以才想趁著在北美大陸敵對的英國再度來襲以前，將路易斯安那賣給美國，好籌措戰爭經費。

雖然拿破崙放棄大片的殖民地，但也積極進攻周邊各國，逐漸擴張法蘭西本國的領土。起初，拿破崙戰爭的定位是「抵禦外國介入內政的手段」，後來卻逐漸變調成為「輸出革命的手段」。拿破崙自認不是侵略者，而是藉由軍事力量使周邊國家擺脫王權的解放者。然而，看在家鄉遭到占領的居民眼中，此舉不過是讓他們成為法國及其執政者拿破崙的附庸，根本無法認同革命的理念。

法國人的皇帝

法國與英國簽訂合約之後，拿破崙修訂憲法，將第一執政的任期改為終身制，並且有權指定繼位者（相當於第一執政得以世襲），這令他獲得了無異於一國君主的權力。就在一八〇四年頒布《拿破崙法典》的同一年，拿破崙宣布登基成為法蘭西皇帝。他還舉辦了皇帝登基的公民投票，結果共有三百五十二萬票贊成、兩千五百七十九票反對，贏得絕大多數人民的認同，於是他光明正大地成為皇帝拿破崙一世（Napoléon I）。

話說回來，為什麼拿破崙的頭銜不是「國王」而是「皇帝」呢？雖然最關鍵的決定因素不得而知，但「國王」一詞，一般會令人聯想到已經垮台的舊體制，而在歐洲，「皇帝」長久以來的繼承傳統都是透過諸侯推舉當選就能即位的身分，所以拿破崙自認他是由全體法蘭西人民選出的皇帝，舉行公民投票也正是為了達到這個宣傳目的。其正式頭銜「Empereur des Français」翻譯後就是「法蘭西人民的皇帝」，而非「法蘭西（國）皇帝」。

在巴黎聖母主教座堂舉行的加冕典禮上，拿破崙是自行戴上由羅馬教宗授予的皇冠，這代表皇帝的身分並不是別人給予，而是親自贏得的地位。

除了法蘭克王國時代，這是法國史上首次有皇帝登基並建立法蘭西帝國。第一共和宣告結束，此後由拿破崙展開的體制，就稱作「第一帝國」。

封鎖令下無贏家

拿破崙登基成為皇帝後，各國察覺他稱霸大陸的野心。英國隨即便廢除和約，於一八〇五年八月和奧地利帝國、俄羅斯等國結盟，再度組成反法同盟（第三次反法同盟）。

一八〇五年十月，法國和西班牙王國聯手向英國宣戰，卻不幸敗北（特拉法加海戰）。不過同年十二月，法國贏得了奧斯特利茨戰役，反法同盟被迫解散。而且，拿破崙還在神聖羅馬帝國西部十六國組成「萊茵邦聯」，讓這些國家脫離神聖羅馬帝國、宣布擁護法蘭西皇帝，於是神聖羅馬帝國就此瓦解。

反對萊茵邦聯建立的普魯士，向法國宣戰，因此拿破崙率軍進攻普魯士。法軍技壓軍制、戰術與裝備都十分老舊的普魯士軍，攻陷普魯士首都柏林。

一八〇六年，拿破崙在柏林頒布《柏林敕令》，也就是所謂的「大陸封鎖令」。規定法國及其統治下的國家都禁止與英國貿易，要從經濟上擊垮英國。拿破崙認

法蘭西帝國及其周邊國家

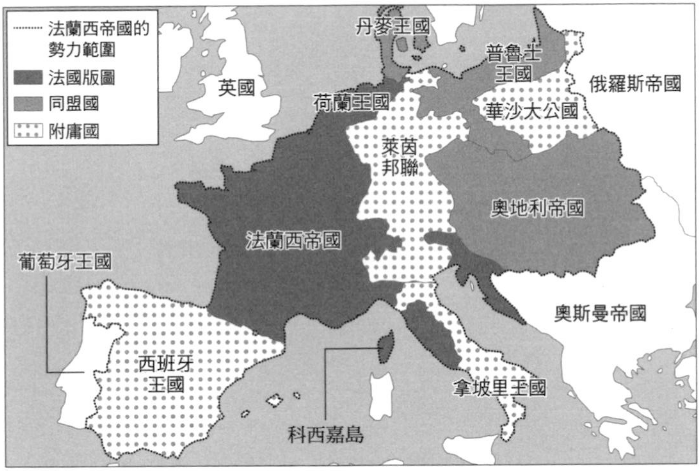

為不論法國再怎麼連戰連勝，永遠都會有下一個敵人，所以必須先一步摧毀反法同盟中樞的英國。

然而，此時的英國經歷過工業革命，已經是歐洲第一工業大國，若是無法與之貿易，會重創經濟的國家不只是英國，歐洲大陸各國和法國也不例外。這個封鎖令也是造成日後法蘭西帝國沒落的主因。

拿破崙擴大戰線，征服義大利、西班牙、荷蘭、奧地利、普魯士等國，任命親戚擔任新領地的領袖。此時對拿破崙而言，最要緊的不只是繼承人問題，也必須加強權威，因此他與元配約瑟芬（Joséphine de Beauharnais）離婚，迎娶奧地利皇帝法蘭茲一世（Franz I，神聖羅馬帝國末代皇帝法蘭茲二世）之女瑪麗・路易絲（Maria Luise von Österreich）。這成為拿破崙失去民心的遠因。

法蘭西帝國的末路

然而，俄羅斯並未遵守《柏林敕令》，偷偷向英國出口穀麥，拿破崙知情後決定進攻俄羅斯。一八一二年六月，拿破崙率領數十萬大軍前進俄羅斯首都莫斯科（史稱俄羅斯遠征）。這支大軍是包含外國士兵的混合部隊，而且俄軍的戰略是在撤退的同時沿路放火燒城，導致戰線拉長，法軍在補給受阻之際又剛好遇上冬將軍（強烈寒流），結果一敗塗地。

翌年一八一三年，拿破崙在萊比錫戰役中敗給奧地利、普魯士、俄羅斯組成的同盟軍。同盟軍進攻法國，占領巴黎。前外交官、拿破崙的舊識塔列朗（Talleyrand-Périgord）以主席身分成立臨時政府，廢除皇位，罷黜拿破崙。第一帝國在此時落幕。

關於拿破崙，學界有各種見解和評價。儘管他是從否定王權的革命政府崛起，自己卻在取得權勢後即位為帝，訂立新貴族制度，任命自己人為國王，沿襲舊時代的制度，這些都是他飽受批判之處。

然而，拿破崙卻也終結遲遲看不見盡頭的法國大革命，得以重新整頓法國的官僚制度與國家體制，還制定近代的法典，奠定合理的社會體系基礎，更令國民、自由、人權的概念滲透到歐洲各國。

當時的日本

俄羅斯人拉克斯曼來航根室（1792）、長崎法厄同號事件（1808），大幅改變長年限制海外交流的日本情勢。因此，江戶幕府於1811年設立了蠻書和解御用掛（後來的蕃書調所）機構，專門處理西洋書籍的翻譯等事務。

祕密專欄

法國的國旗與國歌

源自大革命時期的歷史事件

「三色」的法語是tricolore，現在這個詞泛指法國的國旗。國旗中的藍色代表「自由」，白色代表「平等」，紅色代表「友愛」，不過這其實是後世穿鑿附會的解釋。法國國旗成立的過程並沒有確切的根據。依照最有力的說法，在巴黎市民進攻巴士底的隔天，當選為民兵軍（國民衛兵）指揮官的拉法葉在紅藍的巴黎市旗正中央，加入了象徵波旁王室的白色（白百合）、發明了三色徽章。這件事足以證明拉法葉無意推翻波旁王朝，而是希望能與之協調。

當三色旗開始作為法國的「國旗」，後來以共和國的名義獨立建國的各個國家，都紛紛採用類似的設計，於是很多國家的國旗都是三色旗。

法國的國歌《馬賽進行曲》和國旗一樣有名。由於當中包含了「暴君正對著我們

〈巴黎市旗〉

左邊是「藍」，右邊是「紅」

＋

〈波旁王室旗幟〉

畫著白色百合的圖騰

＝

〈法國國旗〉

- 左起依序為藍、白、紅
- 起初各個顏色的寬度和順序並未統一，直到1795年才奠定了現在的形式
- 最終於1880年制定為國旗

舉起染血的旗」、「用骯髒的血灌溉我們的肥田」這些激烈的歌詞，或許有人因此以為這首歌是出自企圖推翻波旁王朝的勢力之手，然而實際上並非如此。

　這首歌創作的一七九二年當時，奧地利軍正逼近法國邊界的萊茵河。作者為了鼓舞準備迎戰的革命軍，才寫下了軍歌《萊茵軍團戰歌》。

　在革命持續進展的期間，這首歌透過來自法國南部城市馬賽的義勇兵，一路傳唱到巴黎，最終於一八七九年制定為國歌。這就是歌名叫作《馬賽進行曲》的由來。

耐人尋味的法國偉人⑥

法國啟蒙思想家的代表人

盧梭

Jean-Jacques Rousseau

（1712～1778）

提倡民主、引領法國走上革命之路

盧梭的母親在生下他不久後即去世，身為鐘錶匠的父親失蹤成謎，所以他在十歲就與孤兒無異。盧梭從小就愛好讀書，因為不堪收養家庭的虐待，16歲就離開家裡在外流浪。

後來，盧梭得到某位男爵夫人的保護，寄人籬下期間讀書自學累積不少知識，大約30歲時前往巴黎，以音樂教師為職維持生計，同時出入社交界結交文化人士。

1750年，盧梭因投稿論文獲獎而出名，但他因為後續發表的《社會契約論》、《愛彌兒》涉及敏感內容，被政府盯上，於是只能暫時逃離法國。盧梭主張人的自由與平等，這些與民主主義相關的論調，對於在他死後發生的法國大革命影響深遠。

盧梭的晚年居無定所，就這麼潦草結束了一生，死後葬於現在法國偉人長眠的祠堂「先賢祠」。

chapter 7

千變萬化的政治體系

一切回到革命以前

拿破崙失勢後，大不列顛暨愛爾蘭聯合王國（英國）、俄羅斯帝國、普魯士王國等各國代表，集結於奧地利首都維也納，召開了研討拿破崙戰爭善後事宜的「維也納會議」。會議的目的是讓法國回歸革命以前的政治體制，恢復各國王室的政治主導權，並維持各國的勢力平衡。這就稱作「維也納體制」。

西元一八一四年五月，流亡海外、展開反革命運動的路易十六弟弟普羅旺斯伯爵回到法國，以路易十八（Louis XVIII）之名即位，復辟波旁王朝。史稱「第一次波旁復辟」。

不過，經歷過革命的民眾不可能輕易再次接受王權統治。拿破崙聽見國民的心聲後，便從被流放的厄爾巴島潛逃回法國，沒有遭到任何阻礙，於一八一五年三月抵達巴黎，奪回政權並復位。

拿破崙計劃立刻反攻反法同盟軍，但卻在現在比利時境內的滑鐵盧一戰中敗北，同年七月被流放到南大西洋上的英國領地聖赫勒拿島。拿破崙奪權復位的期間約為三個月，所以稱作「百日王朝」。

一八二一年，拿破崙逝世於聖赫勒拿島，直接安葬於當地。在大約過了二十年後的一八四〇年，國王路易－菲利普一世（Louis-Philippe I）答應國民的請求，從墓中挖起拿破崙的遺體，運回巴黎重新葬在塞納河畔榮譽軍人院的教會陵墓。

百日王朝結束後，出國避難的路易十八又回到巴黎，開啟「第二次波旁復辟」。但復辟後的王朝並不是重現法國大革命以前的王權，而是依據憲法採行限制國王權力的君主立憲制，在革命時期從貴族手中沒收的領地和財產並沒有完全回歸。

復辟後的法國議會採二院制，由革命以前的歷代貴族與新興貴族組成上議院（貴族院），國民選舉選出的議員組成下議院（代議院）。但選舉權和被選舉權的資格僅限於高額納稅人，在三千萬國民當中，有投票權的僅僅只有九萬人而已。首相和閣員的人選，並不是採行從多數派政黨中選任的議會內閣制，而是由國王任命。在王權復辟時期就任為第一任首相的，正是法國大革命期間崛起的政治家塔列朗。

在王權復辟時期，部分貴族和天主教會的神職人員組成了非常保守的「極端保皇黨」（Ultraroyaliste），主張恢復議會內外的貴族和教會的特權。在一八一五年八月的下議院選舉中，極端保皇黨獲得勝利，但路易十八擔心沒有選舉權的國民會群起反抗，便解散議會，打算採取穩健的中間主義。但是到了一八二〇年，路易十八的姪子貝里公爵，遭到反對波旁王室的拿破崙支持者（波拿巴主義者）刺殺，高漲的復仇情緒頓時強化了極端保皇黨的發言權。

再度趕下王座的王室

西元一八二四年，路易十八逝世，其弟阿圖瓦伯爵（貝里公爵之父）以查理十世（Charles X）之名即位。查理十世與極端的保皇黨志同道合，再度將天主教定為國教，強制國民遵守基督教的道德觀。

在這個動盪時期，市民階級的文學家司湯達(Stendhal)在小說《紅與黑》裡，以崇拜已故拿破崙的貧窮青年為主角，栩栩如生地描寫市民階層對舊貴族、神職人員等保守派人士心懷不滿的群眾情感。實際上，從事工商業的市民階級之間，對查理十世保守政策的反彈正逐漸擴大，最具代表性的例子就是從木匠之子成為法國銀行總裁的拉菲特(Jacques Laffitte)。他支持自由主義派報紙《Nationale》，提倡國王「君臨但不統治」的英國式議會政治。

憂心國內情勢的查理十世，試圖將國民的焦點轉移至外國，遂以阿爾及利亞的要地阿爾及爾總督與法國領事的些微衝突為由，於一八三〇年六月進攻

當時的日本

文政年間，俄羅斯和英國的船隻紛紛因通商需求而出現在日本沿海，於是幕府在1825年頒布了異國船打退令。這項政策引來渡邊華山和高野長英等人的批判，因此幕府在1839年發動了蠻社之獄，打壓研究西洋學問的學者。

阿爾及利亞。法軍占領阿爾及爾，併吞阿爾及利亞的部分土地，從此淪為殖民地。這就是法國整個十九世紀持續在北非推動殖民化的起點。

查理十世征服阿爾及爾是為了贏得國民的支持，可是在後來的選舉中，卻是批判國王的勢力取得了多數議席。

一八三〇年七月，查理十世為了解決自己的政治危機，先是解散下議院，接著又頒布限制言論自由、選舉權等壓迫人民的法令（聖克盧法令）。結果，反對這項法令的巴黎民眾，在富裕的市民階級（資產階級）的領導下掀起抗爭，抗議運動逐漸發展成街巷戰，群眾甚至一度占領了王宮。

查理十世連忙將王位傳給孫子阿圖瓦的亨利（Henri d'Artois），而非不得民心的路易・安東尼，試圖平息眾怒，結果毫無用處（參照147頁圖），只好流亡至英國。繼承路易十四弟弟血統（參照123頁圖）的奧爾良公爵路易－菲利普，取代波旁家族的直系後裔，於一八三〇年八月在議會接受「法蘭西人的國王」頭銜，成為新任的法國國王，開創「奧爾良王朝」。這一連串的市民暴動和政變，就稱作「七月革命」。畫家德拉克羅瓦（Eugène Delacroix）的著名畫作《自由領導人民》，正是描繪七月革命的作品。

因宴會垮台的新王權

路易－菲利普是個大貴族，他能夠理解是法國大革命擴大了市民階級的政治參與程度和權利，所以很早就獲得拉菲特等市民階級的有力人士支持。路易－菲利普在位期間就稱作「七月王朝」（奧爾良王朝），延續立憲君主政體，採取下議院

（代議院）和地位更高的上議院（貴族院）的二院制。他也調降了選舉資格所需的納稅額門檻，使得財力雄厚的銀行家、都市地區的自營業者、農村地主在選舉人的比例都往上提升，舊貴族和神職人員的政治影響力則下降。

富裕的市民增加，比波旁復辟時代自由的風潮變得更普遍後，市民文化也更為發達。像是主張提高女性地位的文學家喬治・桑（Georges Sand）、從俄羅斯帝國統治的波蘭搬到巴黎的音樂家蕭邦（Frédéric François Chopin），許多善於表現自由情感的浪漫主義文學家和藝術家都在法國大為活躍。

法國的工業革命也是從這個時期開始。一八三二年，里昂近郊開通了鐵路，五年後巴黎近郊也同樣開通。隨著這些工業的發展，許多貧窮的農民離開農村、進入都市成為工廠的工人。可是他們的生活環境十分惡劣，住在非常骯髒的地區，薪資低廉，一天要做上十幾個小時的粗活；而且選舉權僅限於高額納稅人，所以他們根本無法參與政治。

為了改善底層工人的環境，主張糾正社會不平等的社會主義思想逐漸傳播開來。像是社會主義者聖西門（Henri de Saint-Simon），提倡經營企業的資本家應當與工人互助合作，透過近代的都市開發來提升大眾的生活水準。當聖西門去世後，依然有許多人支持並響應他的理念。

一八四〇年代，寒流襲卷了整個歐洲。法國作為主食的小麥和農作物長期歉收，農村和都市的貧窮階層民怨更加高漲。不滿政府的市民開始要求將選舉權擴大至下層的工人和農民，但因為政府限制市民舉行政治集會，於是批判政府的人們流行以宴會的名目聚集舉辦「改革宴會」。但是，首相基佐（François Guizot）卻無意答應市民擴大選舉權的要求，並且在一八四八年二月直接禁止人民舉辦改革宴會。憤怒的巴黎民眾發起大規模暴動，發展成日後的「二月革命」。

席捲歐洲的騷亂

在二月革命中起義的市民占領了市政廳和政府機關，迫使路易－菲利普退位，七月王朝瓦解。從二月革命直至今日，法國再也沒有王權復辟，路易－菲利普成了最後一位國王。

王朝瓦解不久，否定王權的共和主義者建立臨時政府，成立「第二共和」。這個臨時政府的閣員包含法律家杜邦・德勒爾（Dupont de l'Eure）、作家拉馬丁（Lamartine）等人，以資產階級占多數。不過代表工人階級的社會主義者如路易・布朗（Louis Blanc）等人也名列其中。

臨時政府設立了可提供給貧窮工人就業機會的國家工廠，還賦予二十一歲以上的男性普選的選舉權，並限制勞動時間（巴黎限制一天最多十小時，外地則是十一小時），也針對言論、集會自由等進行改革措施。

一八四八年的二月革命延燒到歐洲各國。奧地利帝國主導維也納體制的外交官兼首相梅特涅（Klemens Wenzel von Metternich）垮台。普魯士王國和巴伐利亞王國等許多國家分立的德語圈內，追求德意志統一和國民參政的運動更加活絡。同樣小國林立的義大利半島，也掀起要求義大利統一和國民參政的運動。同年，思想家卡爾・馬克思（Karl Marx）寫出《共產黨宣言》，鼓吹工人階級團結建立政權，引起很大的迴響。從各方面來看，一八四八年不僅是法國，也是歐洲史上的巨大轉捩點。

法國國內在革命後四個月舉行了選舉，但八百八十個議席當中，改革派的共和主義者只占了不到一百席，保守派的貴族和大地主成為議會中的多數派。激進的社會主義者遭到逮捕，路易・布朗也失勢。六月，政府廢除國立工廠，不滿的工人群起暴動（巴黎工人六月起義），但遭到鎮壓平息。

成為首任總統的意外人選

一八四八年十一月，法國頒布《第二共和憲法》，並引進美國式的總統制，由公民投票選出的總統組織內閣，隔月舉行總統選舉。這是法國歷史上第一次由國民透過選舉決定國家元首。

候選人當中，最有勝算的人選是鎮壓了六月起義的將軍卡芬雅克（Louis-Eugène Cavaignac），以及曾經擔任臨時政府外交官的拉馬丁。然而開票結果卻出乎眾人的意料，居然是前皇帝拿破崙的姪子路易・拿破崙（Louis-Napoléon Bonaparte）拿下了百分之七十四的選票，順利當選。

路易・拿破崙是拿破崙的弟弟、前荷蘭國王路易之子。拿破崙一族在失勢以後輾轉流亡瑞士、英國等外國，與法國國內反對王權的人士謀求奪取政權，並趁著二月革命爆發後歸國。其實在七月王朝的時代，國民因為反對先前復辟的王權，加上拿破崙曾領導法國邁向強盛，國民對他的執政成果另眼相看，於是選情才會變得對路易・拿破崙有利。

再加上，路易・拿破崙受到社會主義的影響，在其著作《消滅貧窮》裡提倡用稅金救濟貧窮的農民和工人，所以貧困階層的人民也對他懷抱很高的期望。

話說回來，當選為法國首任總統的路易・拿破崙長年身在國外，在政壇上缺乏有力的後盾，所以政府的要職都是由七月王朝時期的政治家和軍人擔任。政府飽受批評勢力的壓迫，因此又再度限制言論和集會自由，並剝奪工作不固定而居無定所的工人的投票資格。

《第二共和憲法》規定總統的任期為四年，且不得競選連任。一八五一年十二月，一年後即將卸任總統的路易・拿破崙因為政府和議會保守派之間的關係持續險惡，便發起政變解散議會，下令逮捕所有與自己為敵的勢力。他還廢除了投票權的定居限制，在工人階級的支持下，藉公民投票取得民眾的信任，修改憲法。新憲法強化總統對議會的權限，任期也延長為十年。

公民投票復活帝制

路易・拿破崙限制反對派的言論活動，但同時又致力於為工人建設住宅等福利政策，贏得貧困階層的民心。他也開始將自身的政績與拿破崙一世的豐功偉業相提並論，大肆宣傳。

一八五二年十一月，法國舉辦了公民投票，詢問民眾是否同意將國家元首改為皇帝，結果竟得到了百分之九十六以上的同意票。翌月，路易・拿破崙以拿破崙三世（Napoléon III）之名登基為皇帝，開創「第二帝國」，終結第二共和。順便一提，拿破崙一世的兒子拿破崙二世（Napoléon II）在父親垮台後，僅僅登上皇位兩週，便逃到母親的祖國奧地利，病逝於一八三二年。

第二帝國和第一帝國的政府體制同樣設計為三院制，設有元老院（上議院）、立法院（下議院）、國務院，但權力仍然集中在拿破崙三世手上，而且三院中唯一可透過男性普選選出議員的立法院，權限也比其他二院限制更多。

即使如此，第二帝國仍延續到了一八七〇年，從一八五二年到一八六〇年的前半期通稱為「權威帝國」，後半期則通稱為「自由帝國」。前半期保障了普選等國民權利，但行政權力仍由皇帝與政府獨攬；後半期為了取得市民階級的支持，鬆綁了言論和集會自由。結果，批判政府的共和主義勢力開始在議會中壯大。

拿破崙三世深受聖西門主義的影響，以實行工業革命的英國為榜樣，在政府的主導下推動大型工廠的建設和交通路網的整頓，銀行家和富裕市民對工廠和鐵道的投機交易也變得活絡。在第二帝國約二十年期間，法國鐵路的總長延伸了五倍，遍布法國全土。

工廠大量生產纖維和金屬製品，衣服和日用品的種類也愈來愈豐富，設有櫥窗展示多樣商品的商店街和百貨公司使巴黎變得熱鬧非凡，人們開始普遍會享受穿著打扮和逛街購物的樂趣。隨著交通網的發展，大量食材和葡萄酒輸入都市，形成了豐富的飲食文化。

巴黎的人口在十九世紀快速增長，但中世紀以來的骯髒雜亂街道仍未改善。因此拿破崙三世下令巴黎所在的塞納省省長奧斯曼（Haussmann），進行

當時的日本

1858年，日本與包含法國在內的五個國家簽訂修好通商條約，但因無法遵守規定的開港日期，便於1862年派出使節團（文久遣歐使節團）出國交涉延期。使節團也造訪法蘭西帝國交涉，與各國談判結束後，還搭著法國的船啟程回國。

大規模的改造開發計畫（巴黎都市改造）。改造後使得都市範圍向外擴大，市內鋪設直線的寬闊全新路網，上下水道也整頓完善。現在的巴黎街景，就是從改造當時保留至今。

此外，書籍出版和報章雜誌等大眾媒體也十分發達。一八六二年，法國大文豪雨果（Victor Marie Hugo）發表時代背景為拿破崙逝世後、一直到七月王朝時期發生的六月起義的小說《悲慘世界》。此外還有由《三劍客》等三部作品構成的《達太安浪漫三部曲》、在日本因動畫《巖窟王》而聞名的《基度山恩仇記》作者大仲馬（Alexandre Dumas），以畫作《拾穗》聞名的畫家米勒（Jean-François Millet），曾畫過大膽裸女畫《奧林匹亞》的畫家馬奈（Édouard Manet）等等，都是這個時期法國具代表性的文化人士。

自然科學領域，推廣疫苗接種至全世界的微生物學家巴斯德（Louis Pasteur），以及後來出版《昆蟲記》的博物學家法布爾（Jean-Henri Casimir Fabre）等人，也都活躍於這個時代。

皇帝親征，然後呢？

拿破崙三世在外交政策上記取拿破崙一世失敗的教訓，與英國建立友好的關係，降低進出口關稅、擴大貿易。一八五三年，俄羅斯帝國和奧斯曼帝國之間爆發克里米亞戰爭，法國與擔心俄羅斯勢力擴張的英國一同加入奧斯曼帝國陣營，最後贏得勝利。接著，法國又支援企圖統一義大利的薩丁尼亞王國，派軍參與薩丁尼亞和奧地利的戰爭（義大利統一戰爭），提高了法國的國際影響力。但是，法國為了拓展中美洲勢力而出兵墨西哥，卻以失敗告終。

同一時期，法國的鄰國普魯士王國正在統一德語圈的國家。一八六六年，普魯士向對立的奧地利發起戰爭（普奧戰爭），贏得勝利。法國要求普魯士出讓萊茵河西岸地區，作為答應維持中立的擔保，遭到普魯士首相俾斯麥（Otto Eduard Leopold von Bismarck）拒絕。普魯士還違背法國的意願，介入西班牙王國的王位繼承問題，導致法國和普魯士的關係急速惡化。於一八七〇年七月爆發普法戰爭（德法戰爭）。

相較於準備萬全的普魯士軍，法軍則是慢了一步，而且巴伐利亞王國和巴登大公國等德語圈以外的國家也都支援普魯士軍。拿破崙三世親自站上前線，對抗在戰場上處於優勢的普魯士軍，然而法軍依舊戰敗投降。皇帝成了俘虜，第二帝國就此瓦解。此後直到現在，法國再也沒有人登上皇位。

沒有皇帝的巴黎陷入了無政府狀態，軍官和保守的共和主義派議員紛紛躲避巴黎發生的革命動亂，同時又計劃繼續與普魯士作戰，於九月成立了「國防政府」（臨時政府）。翌年一月，普魯士軍圍攻巴黎，普魯士的國王威廉一世（Wilhelm I）在凡爾賽宮宣布成立排除奧地利、統一所有德語圈國家的德意志帝國。

果真實現安穩的政體嗎？

一八七一年二月，曾在七月王朝時代擔任過首相一職的奧爾良派人士梯也爾

（Adolphe Thiers），成為國防政府的首腦，與德意志帝國簽訂臨時和約。但是，和約內容包含鉅額的賠款、割讓法國東北部的亞爾薩斯和洛林等地區，引發許多國民抗議。

反對和談的巴黎市民在國防政府以外，自行成立了包含工人代表在內的「自治政府」（巴黎公社），這是世界上第一個包含社會主義者的革命政權。但是急於停戰的梯也爾等人，在德軍的默許下鎮壓自治政府，經歷了史稱「五月流血週」的街巷戰後，自治政府在五月瓦解。

國防政府正式簽訂和約，八月經過議會決定，梯也爾正式成為新政府總統。接著在一八七五年制定新憲法（第三共和憲法），確立了「第三共和體制」。這份憲法為了防範獨裁式的中央集權，明文記載須實施行政府、負責立法（法律的立案和決定）的議會、負責司法（判斷法律的正當性）的法院三者各自獨立的「三權分立」。議會採上議院（參議院）和下議院（代議院）組成的二院制，不同於第二共和，基本上總統是由上下議院的議員選舉決定，政府成員則是從議會的議員中選任的「議院內閣制」。

法國自一七八九年的大革命以來，每幾年到十幾年就會變更政治體制，然而第三共和延續了約七十年之久，儘管政權並非一直都是安穩無虞。以富裕市民為代表的共和主義者有右派（保守派）和左派（改革派）之分，還有激進的社會主義者、主要由貴族和神職人員組成的正統派（主張復辟波旁王朝）、奧爾良主義者（主張復辟奧爾良王朝）、波拿巴主義者（主張復辟拿破崙家族帝制）等小黨派林立政壇，使內閣成員不斷輪替。

十九世紀下半葉的歐洲通行語

在第三共和之下，為了取代過去對國王的效忠和天主教信仰，團結全國民並產生超越身分和地區差異的一體感，政府推動了各個階層的義務教育。當時，法國西部的布列塔尼和南部的普羅旺斯等地區也會使用法語以外的語言，不過隨著學校義務教育和全國性出版品的普及，到了十九世紀末，全國統一使用的法語已經完全普及。

但是，推動法國國民一體化的背後，敵視外國人、嚴重排外的民族主義勢力卻也日漸崛起。其中的代表事例，就是十九世紀末在法國社會掀起輿論的「屈里弗斯事件」。一八九四年，猶太裔陸軍上尉屈里弗斯（Alfred Dreyfus）被懷疑為德國間諜而遭到逮捕。兩年後，軍中已經確定屈里弗斯無罪，卻隱匿不報。因為聲稱熱愛國家的軍隊和政壇的保守派，都對宗教和文化迥異的猶太人有根深蒂固的歧視。以著名作家左拉（Émile Zola）為首，許多重視人權的文化人士和政治家出面為他控訴，但判決依舊沒有改變。直到一八九九年屈里弗斯得到特赦，七年後終於獲判無罪。

在十九世紀的法國政壇，右派與左派的對立漸趨白熱化，一方是舊統治階層、名流和部分新興經營人士，另一方則是新興市民階層與勞動大眾階層，中小型農民也牽涉其中，呈現非常複雜的局面。右派人士還因為屈里弗斯事件，敵視所有

十九世紀末～二十世紀初法國的主要殖民地

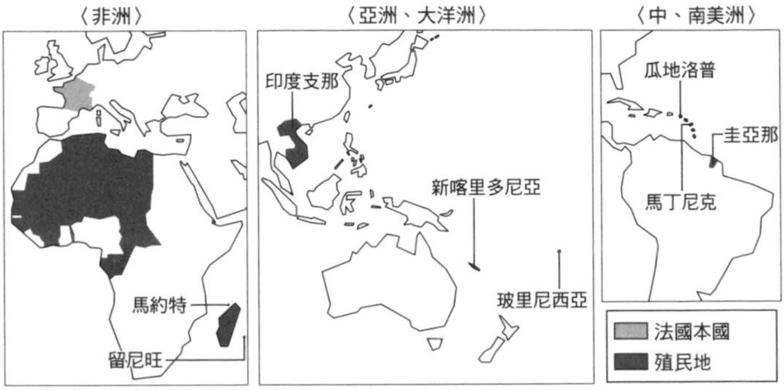

看似與猶太人等外國勾結的勢力，提倡法國人要超越階層、團結一致的主張也滲透民間。同時，為了對抗這個趨勢，鼓吹無關人種和民族、人人平等的人權思想也逐漸推廣開來。

自近世以來，法國很多地區都是由天主教會的神職人員兼任初等教育的教師，不過在第三共和時代，從一八八〇年開始，教會與政治和公立學校教育便逐漸分離開來。到了一九〇五年，政府制定「政教分離法」，明文廢除天主教會的特殊待遇，確立政教分離原則（世俗主義）。直到現在，法國國內不再優待特定的宗教和教會，也不再干涉國民的信仰自由。

海外發展和對日本的影響

從第二帝國到第三共和的時代，法國在亞洲、非洲、大洋洲等世界各地拓展殖民地。一八五六年，法國和英國聯手對中國的清政府發起戰爭（亞羅號事件戰爭，或稱第二次鴉片戰爭），聯軍一度占領北京，法國更在上海和天津建立貿易據點。

此外，法國還統治東南亞相當於現在的越南、柬埔寨、寮國一帶，於一八八七年成立「法屬印度支那」。除此之外，南太平洋的新喀里多尼亞，非洲大陸的突尼西亞、馬利、幾內亞、馬達加斯加等地，也都成為法國領土。

然而，歐美因為工廠和鐵路的投機交易過熱而造成反動，大約從一八七三年開始出現嚴重的經濟蕭條。因此，法國、英國、德國等各個國家，紛紛透過併吞世界各地的殖民地與帝國主義，囊括海外的廉價勞工和資源，藉此擴大交易和投資，開拓新市場販賣本國商品。法國在第三共和體制之下，以「自由、平等、博愛」為國家的基本原則，可是這個理念直到二十世紀中葉以前，都不適用於亞洲人和非洲人，而是訴諸「為未開化地區帶來文明」的思維，藉此正當化殖民活動和帝國主義。

法國在海外發展的過程中，也與日本之間產生了交流。一八五八年，江戶幕府與美國、荷蘭、俄羅斯、英國、法國這五國簽訂修好通商條約（安政條約）。翌年，首任法國駐日公使貝勒庫爾（Bellecourt）上任。英國的武器商私下援助以長州藩為首的倒幕勢力，幕府則從法國聘請軍事顧問和技術專家。日本的第一座造船廠和製鐵所橫須賀製鐵所、登錄為世界遺產的富岡製絲場，這些建設都與當時訪日的法國技術專家有關。

日本在明治維新後的新政府（明治政府），在制定刑法與民法的草案時也都參考拿破崙法典，並委由日本政府聘請的法國法學家博瓦索納德（Gustave Boissonade）起草。思想方面，土佐藩出身的中江兆民翻譯了盧梭的《社會契約論》，為當時批判薩摩和長州兩藩出身者獨攬權力的自由民權運動推波助瀾。

電影的發明

雖然歐洲的經濟蕭條一直持續到一八九〇年代，但法國的工業技術和文化仍持續發展。例如工程師艾菲爾（Gustave Eiffel），為一八八九年紀念法國大革命一百週年而舉辦的第四屆巴黎萬國博覽會，設計並建造了高度超過三百公尺的「艾菲爾鐵塔」。法國市民捐贈給美國的「自由女神像」，艾菲爾也同樣參與了設計。另外，都市地區的電燈和電話逐漸普及，巴黎地下鐵亦於一九〇〇年開通。

一八九五年，盧米埃兄弟（Auguste et

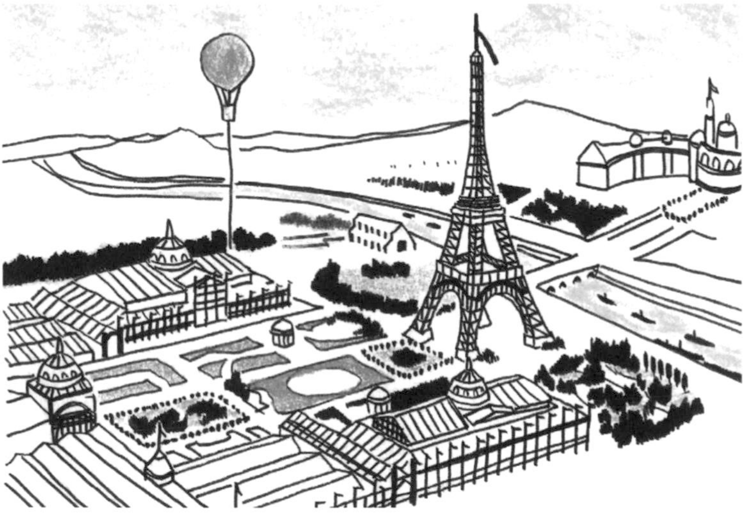

Louis Lumière）發明了電影放映機，並公開發表作品。當時的觀眾看見照片動了起來而非常震驚。

許多來自法國國內外的藝術家都聚集在巴黎，像是留下許多粉彩人物畫的畫家雷諾瓦（Auguste Renoir）、以雕塑《沉思者》聞名的雕刻家羅丹（Auguste Rodin），以及出生於荷蘭、獨特畫風直到死後才大受好評的梵谷（Vincent van Gogh）。另外在文學方面也誕生多位作家，如作品結合風景與人心描寫的詩人蘭波（Arthur Rimbaud）、以冒險懸疑小說《亞森・羅蘋》系列享譽國際的盧布朗（Maurice Leblanc）等人。

從一九一〇年左右開始，展示高級訂製服裝的時尚秀「巴黎高級訂製時裝秀」首度開幕，後來發展成延續至今的「巴黎時裝週」。巴黎之所以令人聯想到全球最新時尚發源地，就是從這個時期確立下來的印象。

擺脫長年不景氣的十九世紀末到二十世紀初，法國發展出如此豐富的文化，因此這個時代就稱作「美好年代」（Belle Époque）。

一九〇三年，物理學家亨利・貝克勒（Henri Becquerel）和居禮夫婦（Maria Skłodowska-Curie & Pierre Curie）對放射線的研究受到肯定，榮獲諾貝爾物理學獎。亨利・貝克勒和皮耶・居禮都出生於巴黎，但皮耶的妻子瑪麗（居禮夫人）是波蘭人。她就讀於巴黎的索邦大學，在獲得諾貝爾獎後成為第一個任職教授的女性，死後安葬在巴黎的先賢祠。

祕密專欄

巴黎市中心的歷史建築

以多種形式利用王室宮殿

巴黎是各個歷史事件的舞台，在第二帝國時期規劃了二十個街區，打造成現在的形狀。最早是將市區所在的塞納河上西堤島西側及對岸劃為第一區，以順時鐘的螺旋狀依序排列各區。

巴黎保留了許多歷代法國王室與皇族成員生活起居的宮殿，後來都改變用途繼續沿用。像是建於十七世紀上半葉的盧森堡宮（第六區）成了上議院議會，建於十八世紀上半葉的波旁宮（第七區）成了下議院議會，同樣建於十八世紀上半葉的愛麗舍宮（第八區）成了總統官邸。路易十四童年時代居住的巴黎皇家宮殿（第一區），現在則是憲法委員會和國務院。

除了政府機關以外，還有著名的羅浮美術館（第一區）。它從十三世紀開始就作為

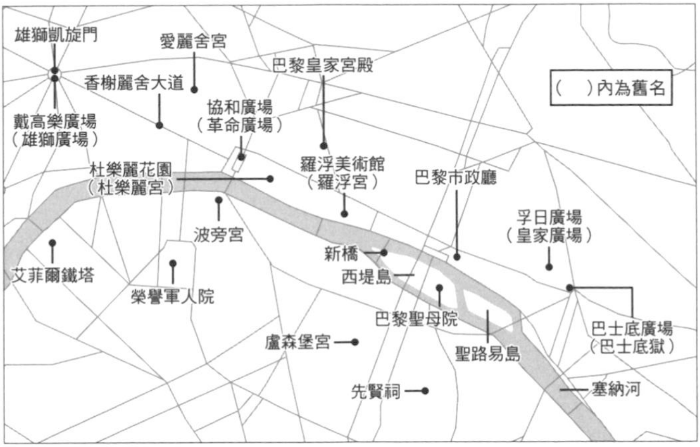

巴黎市中心。凡爾賽宮位於西南方距離約20公里處，楓丹白露宮位於東南方約70公里處。

宮殿使用，到了法國大革命時期才改裝成美術館。

建於十六世紀的杜樂麗宮，曾經作為王宮和議會場地使用，後來在一八七一年的巴黎公社內戰中燒燬，拆除後成為花園。

法國大革命的起點巴士底（橫跨第四區、第十一區、第十二區）遺址，現在是矗立著「七月圓柱」的大廣場。

從拿破崙修建的雄獅凱旋門（第八區）座落的戴高樂廣場開始，以放射狀延伸的街道當中，其中一條通往協和廣場的道路，就是美麗到聞名世界的香榭麗舍大道。

催生出工業革命的「科幻小說之父」

朱爾・凡爾納

Jules Verne

（1828－1905）

預測 20 世紀多項科學技術

開創近代科幻小說（Science Fiction）的朱爾・凡爾納十分嚮往冒險，相傳他 12 歲時曾經為了搭船出航而離家出走，結果失敗。

凡爾納長大後在證券交易所工作，同時也立志成為作家。當時的科學技術急速發達，未知地區的探索也正持續進行。在這種社會風氣下，他從 1860 年代開始陸續發表了《地心歷險記》、《環遊地球八十天》、《從地球到月球》、《海底兩萬里》等作品。

雖然凡爾納在作品中描寫的巨大潛艇、飛艇和太空旅行的技術並不存在於十九世紀，但他是根據縝密的考證才會這麼描寫，這也成為後世現實科學技術的藍本。

例如《海底兩萬里》裡出現的潛艇「鸚鵡螺號潛艇」一名，在凡爾納去世後，於 1954 年成為美國研發的第一艘核子動力潛艇，更以此為新發現的小行星命名。

chapter 8

大戰的盡頭

大戰期間的短暫團結

法蘭西共和國自一八七〇年普法戰爭戰敗以來，對德意志帝國的復仇情緒便在國民心中根深蒂固。法國為了包夾德國，在一八九一年與俄羅斯帝國簽署協定，並於一八九四年發展成軍事同盟（法俄同盟）。

進入二十世紀之後，法國和大不列顛暨愛爾蘭聯合王國（英國）在亞洲、非洲的殖民地競爭告一段落，兩國勢力範圍大致底定。此時，勢力壯大的德國成為法國和英國的共同敵人，於是雙方在一九〇四年簽訂「英法協約」。同一時期，俄羅斯在日俄戰爭中敗北後，採取和英國相同的外交策略，於一九〇七年簽訂英俄條約，法國、英國與俄羅斯的同盟「三國協約」就此成立。

另一方面，德國則是與從以前就因為爭奪巴爾幹半島的霸權，而與俄羅斯交惡的奧匈帝國、奧斯曼帝國進行協調。

一九一四年六月，奧匈帝國的皇儲夫妻遭到塞爾維亞青年暗殺，此事導致翌年

第一次世界大戰前夕的各國關係

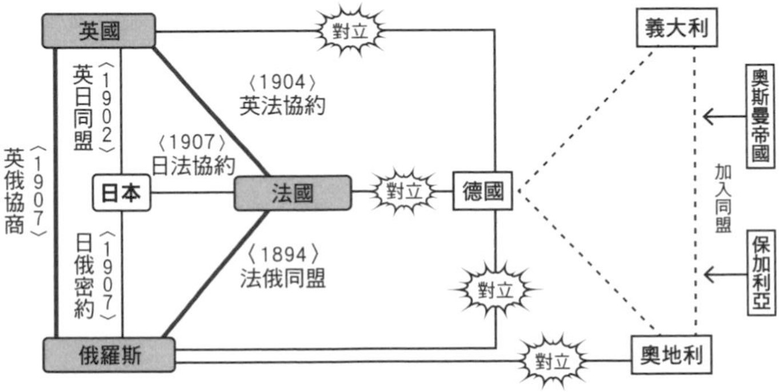

義大利根據 1902 年的法義協約，在第一次世界大戰中加入協約國。

的七月，以同屬斯拉夫民族的俄羅斯作為後盾的塞爾維亞，和奧地利在巴爾幹半島上開戰。以三國協約為中心的協約國，以及以德國與奧地利為中心的同盟國，多個國家都陸續捲入戰爭之中，演變成第一次世界大戰。德軍經由宣布中立的比利時領土進攻法國西北部，這是法國本土自普法戰爭以來，睽違四十多年受到戰火侵襲。

法國政壇上屬於保守派陣營的政黨，和社會黨等主張反戰的左派政黨持續對立，但是雙方同樣都敵視入侵而來的德國，使得國內民族主義情緒高漲，於是所有政黨團結起來、舉國成立內閣「神聖同盟」（Union sacrée）。

起初，各國都以為這場衝突會速戰速決，想不到戰爭時期卻愈拉愈長。為求儘早結束戰事，德國大規模投入可一次擊殺大量士兵的機關槍，還陸續出動戰車、戰鬥機、毒氣等新武器。開戰僅數個月，法軍就有超過三十萬人戰死，遠高於普法戰爭的傷亡人數，政府甚至一度遷至西南部的城市波爾多。而在以法國為中心的聯軍和德軍激戰的西部戰線，築起了長達數百公尺的壕溝，最終雙方的陣亡人數都高達數百萬人。

不只是前線軍人，連婦女都必須被迫投入工廠和生產糧食，變成動員全體國民的總體戰。大量的戰

當時的日本

第一次世界大戰爆發後，日本以英日同盟為由、加入協約國陣營。1914年，日本攻占德國在中國的根據地山東半島，1917年接受法國的請求製造戰艦。後來完成的12艘戰艦皆為法國海軍使用。

死者和嚴重的物資匱乏，令法國人民悲觀黯淡；到了一九一七年，工會和社會黨內部反對支援戰爭的聲浪愈發高漲，政府的步調開始混亂。同年十一月，中間偏左的激進共和派開始執政，強勢抗德的前總理克里孟梭（Georges Benjamin Clemenceau）再度出任總理，由主張繼續作戰的勢力重新組成政府，克里孟梭更親自上最前線視察，努力維持軍隊的戰意。

同一時期，迎來扭轉大戰情勢的巨大轉機。在大戰的影響下，民不聊生的俄羅斯發生了革命（俄國革命），推翻帝制、成立共產黨政權。一九一八年，俄羅斯單獨與德國和談，退出聯軍。之後，俄羅斯共產黨於一九二二年成立蘇維埃聯邦社會主義共和國（蘇聯）。

然而，由於德國海軍多次攻擊為協約國運送物資的美國民間船隻，使得原本秉持中立的美國加入協約國陣營。工業水準超群的美國參戰後，大戰在一九一八年十一月以協約國的勝利收場。德國更在大戰晚期發生革命，帝制瓦解，德意志共和國成立。

贏了戰爭，卻輸了生活品質

一九一九年一月，參與大戰的各國代表集結在凡爾賽宮，商討戰後的處置，法國代表是克里孟梭。各國召開「巴黎和會」（凡爾賽和會），簽署決定了戰後國際秩序的《凡爾賽條約》。協約國之中遭到德國攻打的法國損失慘重，因此對德國採取非常強硬的態度，除了迫使德國歸還在普法戰爭中奪走的亞爾薩斯、洛林地區以外，還要求德國支付巨額賠款。但是，這些條件導致德國內部的混亂和不滿，成為日後引發第二次世界大戰的一大因素。

在巴黎和會翌年，各國組成國家間和平對話的機構「國際聯盟」。法國總理兼外交部長白里安（Aristide Briand），因成功簽訂了讓歐美和日本等十五個國家承諾放棄戰爭的《巴黎非戰公約》，榮獲諾貝爾和平獎。

而且，白里安還提議將全歐洲整合成為一個聯邦國家。這個理念由多年後的「歐洲聯盟」（EU）繼承。

但是，這種國際和平的氣氛僅限於大國之間，德國的殖民地遭到法國、英國等戰勝國瓜分，歐美列強仍維持殖民主義和帝國主義。因此，不滿大國統治的法屬印度支那和英屬印度等亞洲、非洲各地都陸續發起了獨立運動。

儘管法國是戰勝國，但第一次世界大戰重創了法國經濟，原因是工業地區遭到破壞，以及最嚴重的勞動力不足。有一說認為，法國的戰死人數，包含從海外調動的殖民地士兵在內，大約是一百四十萬，一般民眾死亡人數約三十萬；以當時的人口（約四千萬人）來看，相當於每二十五人就有一人死於戰爭。在戰爭快要結束時，歐洲正好爆發流行性感冒（西班牙流感），造成許多人病死。

除了缺乏勞動力，還有國家財政嚴重赤字的問題。在戰爭時期，法國為了籌措戰爭經費而向美國大量貸款，再加上戰前貸款給俄羅斯的債權，因為俄羅斯帝制瓦解而無法回收。當然，身為戰敗國的德國也非常貧窮，無力清償賠款。因此法國便於一九二三年占領德國西部的礦工業地區魯爾，藉此逼迫德國還債。

法國經濟的停擺，導致國民生活惡化；又受到俄羅斯的社會主義革命影響，使得國內改善工人待遇和加強社會保障的運動更為興盛，一九二〇年十二月，法國社會黨中特別激進的勢力退黨、於翌年自行成立法國共產黨。一九二六年，中間派與右派聯盟政權的總理雷蒙・龐加萊（Raymond Poincaré）重建財政，大幅貶值法國通貨「法郎」，逐步改善貿易，法國的經濟才終於起色，德國的賠款計畫也確實地推行。順便一提，總理龐加萊的堂兄，正是知名的數學家亨利・龐加萊（Jules Henri Poincaré）。

在和平到來的一九二〇至三〇年代，大眾文化和藝術大幅發展，建築方面流行加入特殊裝飾的「裝飾風」。在巴黎，有繽紛歌手和舞者出入表演的紅磨坊等酒吧和咖啡廳熱鬧非凡，而詩人布勒東（André Breton）、西班牙畫家畢卡索（Pablo Ruiz Picasso）等文化人士都聚集在這裡，推廣超現實主義藝術。在這個時期，嚮往巴黎自由氣息的日本詩人金子光晴、藝術家岡本太郎，也都曾經造訪法國。

保障勞工的長期休假

法國及歐洲各國都在大戰中損失慘重，沒有成為戰場的美國則得以發展經濟。然而到了一九二九年，堪稱美國經濟命脈的紐約股市卻出現股價暴跌，引發連鎖效應影響到世界各國，造成全球經濟大蕭條。許多國家的投資和貿易一蹶不振，陷入嚴重不景氣。

法國為了降低經濟蕭條的影響，採取集團經濟政策，限制本國與殖民地以外的貿易活動，保護國家利益。即使如此，激進社會黨執政的政府仍然未能推出有效的策略，閣員更在此時爆發醜聞。於是批判政府的民間右翼團體不斷發起暴動，議會中的右派和左派對立更加嚴重。

經濟大蕭條也對戰敗國造成負面的影響。德國要負擔鉅額的賠款，國民對景氣的擔憂加劇。一九三三年，以希特勒（Adolf Hitler）為首、主張排除其他民族的「納粹黨」呼應國民的這種情緒，在民意支持下奪得政權，建立排除其他政黨的獨裁體制。納粹德國展現出對抗法國和英國的強硬立場，兩年後宣布撤廢《凡爾賽條約》、重整軍備。

產生危機意識的法國，為了牽制德國的行動而向蘇聯靠攏，雙方簽訂《蘇法互助條約》，然而德國的姿態反而變得更加強硬，於一九三六年三月派出軍隊進駐萊茵蘭（萊茵河河畔地區）。萊茵蘭在第一次世界大戰後一度遭到法國占領，屬於非軍事化地區。

爭奪左派陣營主導權的法國社會黨和共產黨，視納粹在德國建立的獨裁政權為一大威脅，雙方決定攜手合作。一九三六年，由社會黨的萊昂・布魯姆（André Léon Blum）領導的左派政黨，成立「人民陣線」。左派政黨以前也曾經進入政府組織，不過人民陣線是法國史上第一個合法成立的社會主義政黨政府。

以工會為主力支持基礎的人民陣線，推動改善工人的待遇，並透過法律訂立兩週帶薪休假（假期）的制度。這項政策一直傳承到現在，而且延長至五週，催生出了法國人愛旅行的習性。

短短兩個月，巴黎淪陷

在一九三〇年代後半的國際情勢中，有法國、英國、美國等採取議會制民主主義國家，和德國的納粹政權、義大利的法西斯政權等鼓吹法西斯主義（國家主義和極權主義）的國家，以及蘇聯的共產黨政權，世界處於三大勢力緊繃的膠局。

法國政壇為了避免再度與德國開戰，外交政策上默許納粹的侵吞行動（綏靖主義）。自信壯大的德國，於一九三八年三月併吞奧地利共和國。法國總理達拉第（Édouard Daladier）和英國首相張伯倫（Arthur Neville Chamberlain），在同年九月的《慕尼黑協定》中默許德國併吞捷克斯洛伐克的蘇台德地區。然而，這個判斷卻導致情勢加速惡化。

當時的德國，不只與西方的法國敵對，也與東方的蘇聯水火不容，但是德國卻在一九三九年八月與蘇聯簽定《德蘇互不侵犯條約》。當下做好萬全措施迴避蘇聯威脅的德國，就在同年九月進攻波蘭。不斷妥協的法國和英國再也無法坐視不管，遂向德國宣戰。第二次世界大戰爆發。

德國占領波蘭後，翌年和義大利、日本締結軍事同盟，同時整頓兵力，於五月進攻法國。第一次世界大戰後，法國早已設想德軍可能會再度來襲，便在靠近德國的邊界修建了高大的防禦堡壘（馬奇諾防線）；但配備最新戰車隊和航空隊的德軍，卻是取道盧森堡等國、從意料之外的路線入侵法國。德軍部隊僅僅只花了六週就攻抵巴黎。

法國政府和軍中高層有鑒於上一次大戰的悲慘經驗，並未積極應戰，政府於六月十日棄守巴黎、遷移至南部城市波爾多。身為資深將領而被推舉為總理的陸軍元帥貝當（Henri Philippe Pétain），於六月二十二日在遭到占領的巴黎與德國簽署停戰協

當時的日本

日本企圖在印度支那半島拓展勢力，向1940年成立的法國維琪政府施壓，並派軍進駐法屬印度支那。美國認定此舉有侵略之實，便停止供應石油給日本，導致兩國關係惡化，最終發展成1941年的太平洋戰爭。

定；主張抗戰到底的陸軍次長夏爾・戴高樂（Charles de Gaulle）等部分法國軍人，則是隨著英國派來的部隊等殘存的兵力逃至英國。

德國占領下的屈辱時期

德國占領了包含巴黎在內的法國北部（國土的五分之三地區），延續約七十年的第三共和瓦解，成立了以維琪為首都的「法蘭西國」（維琪政府），採取追隨德國的政策。

維琪政府的總理貝當，思想非常守舊，他將共和政體的「自由、平等、博愛」標語，更改為「勞動、家庭、祖國」，廢除透過公民選舉成立的議會和工會，恢復以天主教教會道德觀為基礎的學校教育，並促使全體國民勤勞動員。

當時法國政壇的右派勢力當中，有許多人仇視社會主義者和猶太人，甚至支援理念相同的納粹政權。因此，在德國占領區和維琪政府統治下的法國，有好幾萬猶太

維琪政府時期的法國

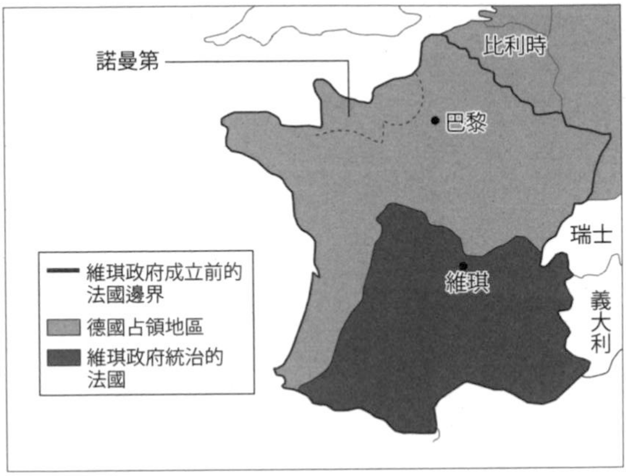

人和反抗德軍的人都遭到逮捕入獄、處死。德國在一九四一年六月撤銷《德蘇互不侵犯條約》，與蘇聯開戰後，部分法國人也被徵召與蘇聯軍作戰。亞洲的法屬印度支那遵從維琪政府的方針，開放與德國有同盟關係的日本駐軍；一九四一年十二月，日本向英國和美國宣戰以後，他們也協助提供物資給日本。

起初還摸不透維琪政府性質的同盟國陣營，除了英國以外，美蘇等國皆與之保持外交關係。另一方面，逃到英國的戴高樂等人則是成立了流亡政府「自由法國」，從倫敦透過收音機廣播呼籲法國人民挺身反抗，同時陸續集結非洲等法國殖民地的兵力。

在法國國內，愛國的一般市民、工人大眾、共產黨員、部分教會相關人士，分別展開對抗德國的抵抗運動（Résistance）。前地方行政官員讓・穆蘭（Jean Moulin）逐漸統一國內的抵抗運動勢力，從一九四一年開始與戴高樂建立合作關係。兩年後，讓・穆蘭在全國抵抗委員會成立後不久，便遭到德國的祕密警察逮捕，拷問至死，不過他在戰後被視為英雄，安葬在法國大革命以降的歷史偉人長眠的先賢祠。

國內的抵抗運動在失去了讓・穆蘭以後，依然繼續從事妨礙德軍的工作，並向同盟國提供情報。

包含廣大的蘇聯在內，征戰各地的德國漸漸處於劣勢，一九四四年六月，同盟國大軍在法國北部的諾曼第登陸。從自由法國發展到法國民族解放委員會、同年六月自稱為共和國臨時政府的戴高樂軍隊，與各地響應的抵抗運動勢力紛紛起義，終於在八月二十五日奪回了巴黎（解放巴黎）。維琪政府也隨著德軍撤退法國而瓦解。二十六日，戴高樂在巴黎凱旋遊行。長年身在國外的戴高樂，一度顧忌國內左派陣營的抵抗運動勢力將會掌握戰後的法國政府主導權，不過同盟國卻認可戴高樂流亡在外所號召成立的臨時政府，才具備政權的正當性。

另外，就在巴黎解放一個月前，以小說《小王子》聞名世界的作家聖修伯里（Antoine de Saint-Exupéry），正是以自由法國的空軍飛行官身分負責偵察任務，但卻在一次執勤時下落不明，直到二〇〇〇年才發現他當年駕駛的飛機失事殘骸。

之後，窮途末路的德國在一九四五年五月投降。與德國同盟的日本，也接著在八月投降，第二次世界大戰最終以同盟國的勝利收場。

戰後的「輝煌三十年」

法蘭西共和國臨時政府掌握政權後，解除所有在戰爭時期協助德國的右派政治家和官員官職，市民也對這些人動用私刑。議會中的多數派是由許多抵抗運動出身者隸屬的社會黨、共產黨、人民共和運動黨（基督教派的中立政黨）這三黨組成。三黨的聯合政權推行了許多政治改革，在一九四五年十月的國民議會總選舉中，首度實現了女性參政權。此時距離在法國大革命時期的一七九二年、法國實施世界首次男性普選，已然經歷一百五十年左右。

厭惡政黨政治的戴高樂，得到保守派和軍隊的支持，可是卻與社會黨和共產黨對立。一九四六年一月，戴高樂下野，由社會黨掌握政權。同年十月，法國頒布新憲法，開啟「第四共和」，取代任務已經結束的共和國臨時政府。

第四共和與第三共和相同，都是由議會選出總統成為國家元首的議院內閣制，差異在於總統的權限縮小，議會（上議院和下議院）、總理與內閣的權限則擴大。下

戰後的政黨變遷

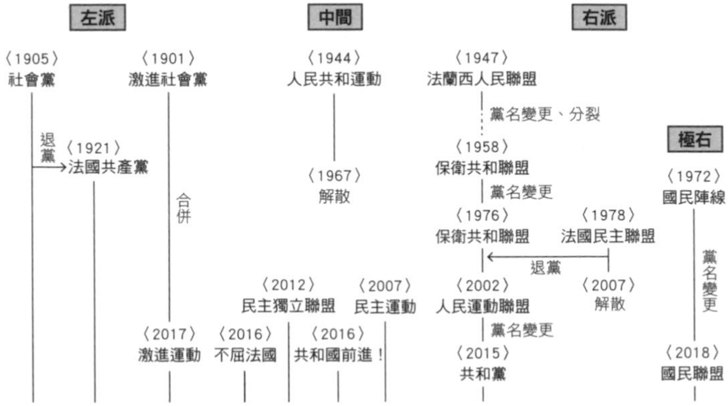

議院的名稱比照法國大革命時期稱作「國民議會」，至今名稱依然沒有改變。

就在第四共和初期，社會黨的奧里奧爾（Jules-Vincent Auriol）和拉馬迪埃（Paul Ramadier）分別選為總統和首相，但除了社會黨與共產黨的對立以外，戴高樂派的法蘭西人民聯盟等保守政黨勢力也逐漸壯大，此時的政權並不穩定，直到一九五八年以前，內閣平均每六個月就會輪替一次。

戰後的法國政壇形成右派與左派對立的局面，而放眼國外，以美國為中心的自由主義陣營（西方各國），和以蘇聯為中心的社會主義陣營（東方各國）在國際上也構成對立關係（東西冷戰結構）。每當面臨蘇聯的軍事威脅，保守政黨（右派）的支持率就會升高，後來連左派也開始批判蘇聯共產黨的獨裁體制。

經濟政策方面，法國計劃性推行戰後復興，起初沿用戰時體制，國家主要產業均由政府統一管理，供應煤、電、瓦斯等資源的大企業國有化。另外，美國為了對抗蘇聯，對法國及西歐各國推動經濟支援政策「馬歇爾計畫」。戰後復興和後續的經濟成長，使得法國直到一九七〇年代中期以前，工商業都得以持續發展，史稱「輝煌三十年」。

另一方面，戰後的德國分裂成自由主義的西德（德意志聯邦共和國），與社會主義的東德（德意志民主共和國），成為東西冷戰結構下的最前線。法國的外交部長舒曼（Robert Schuman）為改善與西德的關係，提倡西歐各國經濟合作，在一九五二年促成了「歐洲煤鋼共同體」（ECSC），這個機構在一九五八年發展成「歐洲經濟共同體」（EEC），撤銷加盟國之間的關稅，並保障勞力的移動自由。一九六七年，這個機構與其他西歐的國際機構整合，更名為「歐洲共同體」（EC）。

移民與殖民地的摩擦

隨著法國經濟擴大的同時，勞力不足的問題也變得愈來愈不容忽視。因此，法國開始向北非等法語圈的殖民地、舊殖民地的人民開放移民的大門。一九五〇年代，法國的阿爾及利亞和摩洛哥移民大約為數二十萬人，到了一九七五年則成長至一百萬人左右。但是，許多移民都是生活在低薪的惡劣環境之下，造成移民後代也依然貧窮的世代問題。

從二十世紀中葉開始，殖民地漸漸開始反抗法國的壓迫和經濟控制，擁有法國留學經驗的高學歷人士鼓吹獨立運動，殖民主義與帝國主義應該走入歷史的觀念在法國境內也愈來愈普遍。

法屬印度支那在二戰期間曾經歷過日本的統治，一九四五年三月安南王國（現在的越南社會主義共和國）和柬埔寨王國宣布獨立，四月琅勃拉邦王國（現在的寮人民民主共和國）也跟著宣布獨立；可是在戰爭結束後，這些地方又回到法國的殖民統治之下。越南北部以外的地區，在一九五〇年代獲得國際承認的獨立地位，可是自由主義陣營的南越（越南共和國）和蘇聯支持的北越（越南民主共和國）仍持續陷入內戰。

法國在一九五四年撤退印度支那半島，然而到了一九六〇年代，美國擔心東南亞的社會主義陣營擴張，因而派軍進駐南越，導致戰爭白熱化（越南戰爭）。美國在北越的抗戰下吃足苦頭，最後在一九七三年簽署的《巴黎和平協約》中決定撤軍，兩年後南越投降。一九七六年，南北越終於統一，從第二次世界大戰後延續下來的戰亂始告結束。

非洲大陸的馬利、查德、塞內加爾等舊法國殖民地，大多數都在一九六〇年代陸續獨立。但是，由法國和英國等舊殖民國單方面劃分的國家邊界，以及介入當地人民的宗教和語言教育，使得舊殖民地出現民族和文化的斷層，這些都是造成延續至今的內戰和紛爭的一大主因。

在法國所屬殖民地當中，這個現象尤以阿爾及利亞最為嚴重。定居在阿爾及利亞的多數法國人擁有許多特權，對此反彈的阿爾及利亞當地人便發動起獨立戰爭（阿爾及利亞戰爭）。

法國政府原本計劃鎮壓獨立運動，但因為戰爭時期拉長，軍事支出會造成財政吃緊，於是法國國內贊成獨立的聲浪愈來愈高。然而，當地的法軍擴大戰亂，還對本國發起暴動。因此在軍中有強大影響力的戴高樂出面收拾殘局，於一九五八年六月回任總理。

痛恨美國的戴高樂

戴高樂回任總理三個月後，為了發揮強大的領導能力，便提議制定新憲法（第

第五共和的架構

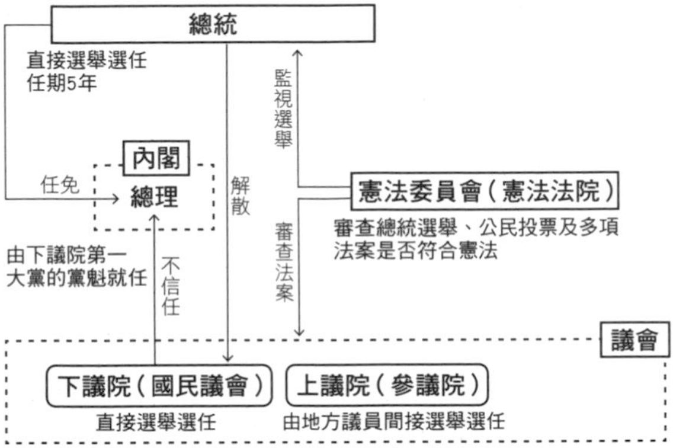

五共和憲法）以擴張總統權限。此案經過公投表決通過後，於一九五八年十月制定。十二月，地方議會議員選舉結果出爐，翌年戴高樂就任為總統。一九六二年以後，憲法規定國民可以直接選任總統。於是為期約十年的第四共和結束，新確立的體制是「第五共和」，也就是現在的法國政體。

第五共和的體制，是像美國總統制一樣由國民直接票選總統。總統擁有更多的權限，總理的人選是總統任命或是由下議院多數派推舉，兩人一起分擔行政權力。這個政體稱作「半總統制」（雙首長制），現在只有俄羅斯聯邦等少數國家採用。而當總統和總理所屬政黨不同時，特別是左派政黨的總統和右派政黨的總理，或右派政黨的總統和左派政黨的總理，像這樣由總統與總理共同執政的情形就稱為「共治」（Cohabitation）。

成為總統的戴高樂，承認阿爾及利亞獨立，大多數法國國民也表態支持。另一方面，他鎮壓了部分在阿爾及利亞暴動的法軍，與阿爾及利亞獨立派簽署停戰協定。經過法國本國公民投票通過後，在阿爾及利亞舉辦獨立公投，促成一九六二年阿爾及利亞獨立。

在美國和蘇聯的冷戰體制下，戴高樂主張要讓法國恢復大國風範，外交和軍事上都採取不追隨美國的獨立路線。為了提高國防力量，法國在一九六〇年開發了原子彈，並且領先美國和日本、在一九六四年向與蘇聯關係交惡的中華人民共和國（中國）建交。兩年後，法國一度退出由美國和西歐各國軍隊組成的「北大西洋公約組織」（NATO，二〇〇九年回歸）。

綜觀一九六〇年代，法國的國民所得平均上升成近兩倍，汽車製造商雷諾生產的廉價自用小客車大量普及，也與英國共同開發超音速的協和號客機，工業技術同樣十分發達。但是，地方鄉村的發展卻落後於城市，大學畢業生可就職的地點少之又少，貧富差距也遲遲無法改善。因此，青年世代對戴高樂政權的反彈愈發嚴重。

一九六八年五月，巴黎的學生帶領各地工人和農民，發起了大規模的反政府運動「五月革命」（五月風暴）。戴高樂因試圖以武力鎮壓學運而失去民心，翌年只能黯然下台。

戴高樂作為二戰以來的國民領袖，在法國國內評價甚高，巴黎雄獅凱旋門的所在地，自一九七〇年以來便賦予「夏爾・戴高樂廣場」之名，一九七四年啟用的法國最大機場也命名為「夏爾・戴高樂機場」，法國各地都有以戴高樂為名的建築和道路。

一九七〇年代後半以降，法國的政壇逐漸形成了左派路線的社會黨，與合併法蘭西人民聯盟的右派保衛共和聯盟（即後來的人民運動聯盟、共和黨）兩大勢力拉鋸的情勢。

即便二十世紀下半葉充滿動盪，法國文化仍是全球矚目的焦點。寫出小說《異鄉人》的作家卡繆（Albert Camus）、哲學家沙特（Jean-Paul Sartre）的著作，在日本都有廣大的讀者。一九五〇至六〇年代，電影導演高達、楚浮（François Truffaut）等人陸續拍出獨具特色的電影，又被稱為「法國新浪潮」而蔚為話題。另外像是研究精神醫學和社會制度歷史的傅柯（Michel Foucault）、研究未開化部落文明的李維史陀（Claude Lévi-Strauss）等等，重新省思近代價值觀的學者也陸續問世。

左派與右派攜手共存的政權

到了一九七〇年代，美國中止美金和黃金的兌換，將國際通貨改為浮動匯率制，大大衝擊了全球經濟，史稱「尼克森衝擊」。此外，中東地區與以色列敵對的阿拉伯國家，限制對支持以色列的美國和法國等國家出口石油，引發「石油危機」。這兩個因素，導致法國的經濟不景氣。

各個先進國家都計劃削減政府的財政支出，例如英國推動自來水公司民營化，日本則開放電信公司和國有鐵路民營化。法國卻是獨樹一格，在一九八一年選出社會黨的密特朗（François Mitterrand）就任總統，任內推行大企業國有化，以穩定勞工的聘雇和薪資。但是，這個政策並沒有獲得多大的成效，在一九八六年的大選中，與總統對峙的保守派陣營獲勝，從保衛共和聯盟中選出總理，形成共治的局面。

在密特朗第二任期內的一九八九年，東歐各國的社會主義政權紛紛瓦解，冷戰體制結束。一九九三年，《馬斯垂克條約》（歐洲聯盟條約）在歐洲生效，「歐洲聯盟」（EU）成立，加盟國之間廢除關稅和入境查驗。二〇〇二年開始，法國將本國貨幣法郎改成歐盟共通的「歐元」。

一九九五年，在密特朗執政任期內擔任總理的席哈克（Jacques René Chirac）

當選為總統。隸屬保衛共和聯盟的席哈克承襲了戴高樂的外交策略，在二〇〇三年爆發伊拉克戰爭時並未追隨美國出兵。

全球化浪潮下的法國

位於亞洲和非洲的舊法國領地，大多在二十世紀中葉獨立，可是中美洲的馬丁尼克、南美洲的圭亞那、印度洋的留尼旺、南太平洋的大溪地和新喀里多尼亞，至今仍是法國的海外省和海外領土，依然受法國統治。因此，法國在全球的經濟海域（國家可合法擁有水產資源和礦產資源的權利區域）有一千一百萬平方公里（約法國本土面積的二十倍），為全世界第二大，所以法國堪稱是屈指可數的海洋大國。

二十一世紀的現在，法國人口大約是六千七百萬人，但若是合計分散在世界各地的海外領土、海外省和舊法國領地的法語使用者在內，推測有一億兩千萬人到一億七千萬人左右。

法國本土的民族也愈來愈多元化，秉持著即使出身國外、「凡是說法語者都是法國人」的現代思維，以及不論宗派的所有宗教信仰都須保持政治中立的方針。然而境內仍保有伊斯蘭信仰習慣的中東裔移民，仍不時與本國國民發生衝突，甚至發動恐怖攻擊。

西元二〇〇七年，人民運動聯盟的主席、出身自匈牙利移民後裔的尼古拉・薩科吉（Nicolas Sarközy）當選為總統，接著下一輪二〇一二年的選舉中，由社會黨的歐蘭德（François Hollande）當選為總統。可是社會黨和共和黨（前身為人民運動聯盟）這兩大政黨，對於移民引發的社會摩擦、貧富差距和改善失業率等種種問題，都沒能做出重大的成效。二〇一七年，新興勢力共和國前進的領袖艾曼紐・馬克宏（Emmanuel Macron），以法國史上最年輕的三十九歲之齡當選為總統。不過，他仍然需要面對排外的極右派勢力崛起、穩定稅收以確保政府財源等諸多問題。

法蘭西在中世紀西羅馬帝國滅亡後，逐漸成為西歐重組的中心，後來更成為宣揚「自由、平等、博愛」理念的近代國家先驅。如今，它也依然佇立在歐洲現今所面臨的各種議題的最前線。

耐人尋味的法國偉人⑧

巴黎時尚界的女王

可可・香奈兒

Coco Chanel

（1883－1971）

女性之手掀起時尚大革命

能與路易・威登（LV）、迪奧（Dior）一同代表法國的時尚名牌，非香奈兒莫屬。創辦人可可・香奈兒（本名為嘉布麗葉兒・香奈兒），從小在孤兒院長大，18歲開始成為咖啡店的進駐歌手和服裝店員，1910年在巴黎開了一間帽子店。

當時的婦女為了維持身材，普遍都會穿上束腰，但在第一次世界大戰時期，香奈兒卻推出了用材質柔軟的針織料製成的女裝。戰後，愈來愈多女性走出家庭工作，香奈兒兼具活動性和美觀的時尚服飾推廣到全世界。她還推出了香水，最受歡迎的「五號香水」就連美國女星瑪麗蓮・夢露也愛用。

香奈兒終生未婚，一直都隨心所欲地生活，不過她與歐洲各國的貴族和軍人也有不少風流韻事，和許多藝術家和政治家交情廣泛一事也非常知名。

法國的歷史 年表

這份年表是以本書提及的法國歷史為中心編寫而成。——配合下半段的「世界與日本歷史大事紀」，可以更深入理解。

年代	法國大事紀	世界與日本歷史大事紀
〈紀元前〉		〈紀元前〉
舊石器時代	出現克羅馬儂人	日本 人類開始定居日本列島（舊石器時代）
新石器時代	建造卡納克巨石林	世界 建造巨石陣（新石器時代）
5世紀左右	凱爾特人（高盧人）開始定居	世界 薩拉米斯海戰（480）
2世紀	日耳曼人入侵高盧	世界 中國西漢武帝獨尊儒術（136）
58	發生高盧戰爭	日本 獲得東漢皇帝賜予金印（57）
27	羅馬將行省地區（高盧）劃分成四個	世界 羅馬開始實施帝制（27）
〈紀元〉		〈紀元〉
260	趁羅馬帝國動盪時建立高盧帝國	日本 女王壹與派使者出訪西晉（266）
274	羅馬帝國消滅高盧帝國	世界 西晉統一中國（280）

395	高盧成為西羅馬帝國的附庸	世界 羅馬帝國分裂成東西二國（395）
476	西羅馬帝國滅亡，遭日耳曼人國家割據	日本 倭王武派使者出訪南宋（478）
481	法蘭克王國（墨洛溫王朝）成立	世界 北魏孝文帝實施均田制（485）
732	發生圖爾－普瓦捷戰役	日本 長屋王之變（729）
751	法蘭克王國（加洛林王朝）成立	世界 阿拔斯帝國成立（750）
756	丕平三世捐贈領土給羅馬教宗	世界 安史之亂（755）
800	查理曼接受羅馬教宗加冕皇帝	日本 遷都平安京（794）
870	西法蘭克王國成立	世界 阿菲烈特大帝即位（871）
987	卡佩王朝開始	日本 寬和之變（986）
1147	路易七世參與第二次十字軍東征	世界 葡萄牙王國成立（1143）
1190	菲利普二世參與第三次十字軍東征	日本 源賴朝就任為征夷大將軍（1192）
1248	路易九世參與第六次十字軍東征	日本 制定御成敗式目（1232）
1302	菲利普四世任期內首度召開三級會議	世界 奧斯曼帝國建國（1299）
1309	教宗國遷至亞維儂	日本 後醍醐天皇即位（1318）
1328	瓦盧瓦王朝的承襲	世界 莫斯科大公國建國（1328）

年代	法國大事紀	世界與日本歷史大事紀
1339	第一次英法百年戰爭開始	日本 開創室町幕府（1336）
1358	發生札克雷暴動	日本 足利義滿就任為第三代將（1368）
1453	第一次英法百年戰爭結束	世界 東羅馬帝國滅亡（1453）
1494	義大利戰爭開始	世界 劃分殖民地分界線（1494）
1516	與羅馬教宗簽訂波隆那協約	世界 馬丁路德的宗教革命開始（1517）
1559	義大利戰爭結束	日本 桶狹間之戰（1560）
1562	胡格諾戰爭開始	日本 第四次川中島之戰（1561）
1589	瓦盧瓦王朝結束，波旁王朝開始	日本 豐臣秀吉統一日本（1590）
1598	頒布南特詔書	世界 東印度公司成立（1600）
	胡格諾戰爭結束	日本 關原之戰（1600）
1635	法西戰爭開始	日本 島原之亂（1637）
1648	發生投石黨動亂	世界 三十年戰爭結束（1648）
1653	投石黨動亂結束	日本 由井（由比）正雪之亂（1651）
1659	法西戰爭結束	世界 中國清朝康熙皇帝登基（1661）

1685	頒布楓丹白露敕令
1689	第二次英法百年戰爭開始
1789	法國大革命開始
	採納人權宣言
1791	制定法國史上第一部憲法
1792	法國大革命戰爭開始
	王權結束，第一共和開始
1793	處死路易十六
1799	透過政變建立執政府
	法國大革命結束
1801	與羅馬教宗簽署宗教協定
1804	第一共和結束，第一帝國開始
1806	頒布柏林敕令
1813	拿破崙失勢，第一帝國結束
1814	波旁王朝復興，第一次波旁復辟開始

- 世界 英格蘭發生光榮革命（1688）
- 日本 頒布第一道生類憐憫令（1685）
- 世界 制定美利堅合眾國憲法（1787）
- 日本 寬政改革開始（1787）
- 世界 發布皮爾尼茨宣言（1791）
- 世界 華盛頓連任美國總統（1792）
- 日本 拉克斯曼來航北海道根室（1792）
- 世界 組成第一次反法同盟（1793）
- 世界 中國清朝發生白蓮教之亂（1796）
- 日本 蝦夷地直轄化（1799）
- 世界 聯合王國（英國）成立（1801）
- 日本 列扎諾夫來航長崎（1804）
- 世界 神聖羅馬帝國滅亡（1806）
- 日本 戈洛夫寧事件（1811）
- 世界 維也納會議開始（1814）

年代	法國大事紀	世界與日本歷史大事紀
1815	第二次英法百年戰爭結束	世界 維也納體制開始（1815）
	經過百日王朝後，第二次波旁復辟開始	日本 完成大日本沿海輿地全圖（1821）
1830	波旁王朝結束，奧爾良王朝開始	世界 比利時獨立（1830）
1848	二月革命開啟第二共和	世界 中國清朝發生太平天國之亂（1851）
1852	拿破崙三世開始第二帝國	日本 美國將領培里來航浦賀（1853）
1870	拿破崙三世垮台，第二帝國結束	日本 明治時代開始（1868）
1871	巴黎公社成立，不久後即瓦解	世界 德意志帝國成立（1871）
1875	第三共和開始	日本 簽訂庫頁島千島交換條約（1875）
1889	巴黎舉辦萬國博覽會	日本 頒布大日本帝國憲法（1889）
1907	與英國、俄羅斯簽訂三國協約	日本 日俄戰爭爆發（1904）
1914	接受德國宣戰，參與第一次世界大戰	世界 第一次世界大戰爆發（1914）
1936	首度成立社會主義政權	日本 二二六事件（1936）
1939	和英國共同向德國宣戰	世界 第二次世界大戰爆發（1939）
1940	德軍占領巴黎	日本 日德義成立軸心國（1940）

	成立維琪政府，第三共和結束	日本 太平洋戰爭爆發（1941）
1944	從德軍手中解放巴黎	世界 開羅宣言（1943）
1945	首度實現女性參政權	日本 接受波茨坦宣言（1945）
	成為聯合國常任理事國	世界 設立聯合國（1945）
1946	第四共和開始	日本 頒布日本國憲法（1946）
1952	成為剛創立的歐洲煤鋼共同體加盟國	世界 召開舊金山和會（1951）
1954	阿爾及利亞戰爭開始	日本 設立自衛隊（1954）
1958	第四共和結束，第五共和開始	日本 加盟聯合國（1956）
1960	成為核子武器擁有國	世界 非洲十七個國家獨立（1960）
1962	阿爾及利亞戰爭結束	世界 古巴飛彈危機（1962）
1966	退出北大西洋公約組織（NATO）	世界 中國開始文化大革命（1966）
1968	戴高樂受到五月革命影響而下野	日本 美國歸還小笠原群島（1968）
1993	成為剛成立的EU加盟國	日本 五十五年體制結束（1993）
2002	歐元取代法郎成為通用貨幣	世界 非洲聯盟成立（2002）
2009	重回NATO	世界 全球金融危機（2008）

参考文献

『教養としての「フランス史」の読み方』福井憲彦（PHP研究所）
『フランス史 新版世界各国史12』福井憲彦編著（山川出版社）
『フランス史10講』柴田三千雄（岩波新書）
『フランスの歴史』ロジャー・プライス著／河野肇訳（創土社）
『図説フランスの歴史』佐々木真（河出書房新社）
『パリ・フランスを知るための44章』梅本洋一、大里俊晴、木下長宏監修（明石書店）
『カペー朝 フランス王朝史１』佐藤賢一（講談社現代新書）
『ヴァロワ朝 フランス王朝史２』佐藤賢一（講談社現代新書）
『図説ブルボン王朝』長谷川輝夫（河出書房新社）
『ブルボン朝 フランス王朝史３』佐藤賢一（講談社現代新書）
『聖なる王権ブルボン家』長谷川輝夫（講談社選書メチエ）
『図説ルイ14世 太陽王とフランス絶対王政』佐々木真（河出書房新社）
『世界史リブレット 人54 ルイ14世とリシュリュー』林田伸一（山川出版社）
『図説フランス革命史』竹中幸史（河出書房新社）
『世界の歴史15 フランス革命』河野健二、樋口謹一（河出文庫）
『世界の歴史10 市民革命の時代』清水博、山上正太郎（社会思想社）
『フランス革命の社会史』松浦義弘（山川出版社）
『フランス革命―歴史における劇薬』遅塚忠躬（岩波ジュニア新書）
『世界史リブレット 人61 ロベスピエール』松浦義弘（山川出版社）
『図説ナポレオン政治と戦争』松嶌明男（河出書房新社）
『世界の歴史10 フランス革命とナポレオン』桑原武夫（中公文庫）
『世界史リブレット 人62 ナポレオン』上垣豊（山川出版社）
『近代フランスの歴史 国民国家形成の彼方に』谷川稔、渡辺和行（ミネルヴァ書房）
『怪帝ナポレオン三世 第二帝政全史』鹿島茂（講談社学術文庫）
『世界の歴史22 近代ヨーロッパの情熱と苦悩』樺山紘一、礪波護、山内昌之編（中央公論新社）
『世界の歴史26 世界大戦と現代文化の開幕』木村靖二、長沼秀世、柴宜弘（中公文庫）
『世界の歴史28 第二次世界大戦から米ソ対立へ』油井大三郎、古田元夫（中公文庫）
『世界の歴史29 冷戦と経済繁栄』猪木武徳、高橋進（中公文庫）

[監修]

福井憲彥

1946年生於東京都。學習院大學名譽教授，公益財團法人日法會館理事長。
東京大學研究所人文科學研究科碩士課程修畢，專攻以法國為主的西洋近現代史。曾任學習院大學教授、學習院大學校長。2019年獲頒法國榮譽軍團騎士勳章。著作有《歐洲霸權的光和影——「近代」的形成與舊秩序的終結》（八旗文化）等書。

編輯・構成／造事務所
設計／井上祥邦（yockdesign）
文字／原正人、西村まさゆき、佐藤賢二
插畫／suwakaho

ISSATSU DE WAKARU FRANCE SHI
© 2020 NORIHIKO FUKUI, ZOU JIMUSHO
Illustration by suwakaho
All rights reserved.
Originally published in Japan by KAWADE SHOBO SHINSHA Ltd. Publishers,
Chinese (in complex character only) translation rights arranged with
KAWADE SHOBO SHINSHA Ltd. Publishers, through CREEK & RIVER Co., Ltd.

極簡法國史

出　　版／楓樹林出版事業有限公司
地　　址／新北市板橋區信義路163巷3號10樓
郵政劃撥／19907596　楓書坊文化出版社
網　　址／www.maplebook.com.tw
電　　話／02-2957-6096
傳　　真／02-2957-6435
監　　修／福井憲彥
翻　　譯／陳聖怡
責任編輯／江婉瑄
內文排版／楊亞容
校　　對／邱鈺萱
港澳經銷／泛華發行代理有限公司
定　　價／350元
出版日期／2022年5月

國家圖書館出版品預行編目資料

極簡法國史 / 福井憲彥監修 ; 陳聖怡翻譯. -- 初版. -- 新北市 : 楓樹林出版事業有限公司, 2022.05 面 ;　公分

ISBN 978-626-7108-18-5（平裝）

1. 法國史

742.1　　111003249